●約物の名称

(1) くぎり符号

。	句点，マル
、	読点，テン
．	ピリオド，フルストップ
，	コンマ
・	中黒（なかぐろ），中ポツ
：	コロン
；	セミコロン
’	アポストロフィ
？	疑問符
！	感嘆符
?!	ダブルだれ
／	斜線，スラッシュ

(2) 括弧類

「 」	かぎ，かぎ括弧
『 』	二重かぎ
' '	コーテーションマーク
" "	ダブルコーテーションマーク
( )	パーレン，括弧，丸括弧，小括弧
《 》	二重パーレン，二重括弧
【 】	すみつきパーレン，太キッコウ
〔 〕	亀甲，（キッコウ）
[ ]	ブラケット，角括弧，大括弧
{ }	ブレース，波括弧，中括弧
〈 〉	山がた，山括弧
《 》	二重山がた
« »	ギュメ

(3) つなぎ符号

‐	ハイフン，連字符
―	全角ダーシ
〜	波形，波ダッシュ
…	3点リーダー
‥	2点リーダー
–	二分ダーシ
=	二重二分ダーシ，二重ダブルダーシ
――	2倍ダーシ

(4) しるし物

°	デグリー
′	ワンダッシュ，プライム
″	ツーダッシュ，ダブルプライム

*	
†	ダガー，短剣符
‡	ダブルダガー，二重短剣符
§	セクション，章標
¶	パラグラフ，段標
‖	パラレル，平行符
#	ナンバー，番号符
&	アンパサンド
•	ビュレット，項目印
⁂	アステリズム	※ 米印
★	黒星，黒スター	◆ 黒ひし形
☆	白星，白スター	□ 白四角，四角
○	丸印，白丸	■ 黒四角
●	黒丸	▽ 逆白三角，逆三角
◎	二重丸	→ 矢印
◉	蛇の目	↔ 両矢印
△	白三角	⇨ 白ぬき太矢，白矢
▲	黒三角	① 丸中数字
◇	ひし形	❶ 白ぬき数字

(5) アクセント

á	アキュート，揚音符，アクサン
à	グレーブ，抑音符
â	サーカムフレックス，抑揚音符，ハット
ä	ディエレシス，分音符，ウムラウト
ã	ティルド，ウェーブ
ă	ショート，短音符
ā	ロング，長音符，バー
ç	スィディラ，S字音符号

(6) 薬量・商用記号

%	パーセント，百分比
‰	パーミル，千分比
£	ポンド（英）
€	ユーロ（EU）
$	ドル
¢	セント
¥	エン，円
@	アットマーク，単位記号，について
®	登録商標
©	コピーライト，丸シー，著作権表示
℅	ケアオブ，気付

　　　　　　はじめに

1　本書は，本と出版に関心をもつ人，編集や校正の仕事に携わりたいと考えている人にまず知ってほしい，本についての全般的な知識を，わかりやすく簡潔にまとめたものです．
2　"本の種類と大きさ" と "本の各部分の名称" では，本に関するもっとも基本的なことがらを解説します．
3　"本ができるまで" の章では，本づくりの作業工程を追いながら，編集者はどのような仕事をしているのか，印刷と製本の現場ではどのように作業が行われているのか，本づくりの手順と方法を示しています．
4　また，出版界の概況と本の流通と販売についても簡略に紹介しましたので，本が読者の手に渡るまでも理解することができます．
5　本書は，次に掲げる本にもとづいて編集しています．編集・校正および出版編集についてさらに広く知りたい方は参考にしてください(いずれも日本エディタースクール出版部刊)．
　　日本エディタースクール編 "新編 校正技術"
6　本づくりの個別の作業に関しては，次に掲げる本にその方法と注意点を示してあります．参考にしてください(いずれも日本エディタースクール出版部刊)．
　　日本エディタースクール編 "校正記号の使い方 第 2 版"
　　日本エディタースクール編 "原稿編集ルールブック 第 2 版"
　　日本エディタースクール編 "日本語表記ルールブック 第 2 版"
　　日本エディタースクール編 "文字の組方ルールブック〈タテ組編〉"
　　日本エディタースクール編 "文字の組方ルールブック〈ヨコ組編〉"

　　　　　　　　　　　　　　　　　　(日本エディタースクール)

目　次

はじめに………………………………… 1

1 本とは何か………………………… 3
- 1.1 本とは何か ………………………… 3
- 1.2 本の5つの要件 …………………… 3

2 本の種類と大きさ ………………… 6
- 2.1 製本の種類 ………………………… 6
- 2.2 本の大きさ ………………………… 8

3 本の各部分の名称 ………………… 10
- 3.1 外観的部分(表紙とその付属物)… 10
- 3.2 ページを構成する部分の名称 … 14
- 3.3 本の内容順序 ……………………… 17
- 3.4 前　付 ……………………………… 18
- 3.5 本　文 ……………………………… 21
- 3.6 後　付 ……………………………… 24
- 3.7 付き物(付属物) …………………… 25

4 本のできるまで …………………… 28
- 4.1 企画とその実現 …………………… 28
- 4.2 原稿編集(原稿整理) ……………… 30
- 4.3 造本設計と原稿指定 ……………… 33
- 4.4 組　版 ……………………………… 34
- 4.5 校　正 ……………………………… 38
- 4.6 部数・定価の決定と宣伝・販売 … 41
- 4.7 本文用紙の準備と装幀 …………… 41
- 4.8 印刷前工程と印刷 ………………… 42
- 4.9 製　本 ……………………………… 45

5 雑誌について ……………………… 49
- 5.1 雑誌の特質──本との違い …… 49
- 5.2 雑誌の構成要素 …………………… 51

6 読者の手に届くまで ……………… 52
- 6.1 出版界の概況 ……………………… 52
- 6.2 出版物の販売経路(流通ルート)… 53
- 6.3 出版物の販売システム …………… 54
- 6.4 再販制(再販売価格維持制度) … 55
- 6.5 ISBNと日本図書コード…………… 55

付　和装本 …………………………… 57
- 1 和装本の種類 ……………………… 57
- 2 和装本の各部分の名称 …………… 58

索　引…………………………………… 62

1　本とは何か

1.1　本とは何か

"本"とは何か？　"図書"とはどのようなものをさすのか？　このように質問されても，すぐに適切に答えることはなかなかむずかしいものです．

例えば，"国民百科大辞典"(冨山房)の"図書"の項では，"文字をもって思想を書き表したもの．現在ではおおむね冊子の形に製本されているが，必ずしも形態に定形があるわけでなく，広義にいえば巻物も折本(おりほん)も1枚刷のものも含まれるべきであるが，ときには小冊子を除いて，相当の大きさのあるもの"と説明しています．

この説明は，巻物(巻子本(かんすぼん))，折本をへて今日の形式になった図書発達の長い歴史の上にたった，広義の概念を示しています．

しかし，現在では，図書の概念は"いかなる場所でも開くことのできる，ある種の表紙によって保護され，背と称する一端で固められた，多数の紙葉(しょう)に書かれ(印刷され)たものである"(*Oxford English Dictionary*)と定義するのがよいと考えられています．

1.2　本の5つの要件

本についてさらに分析してみると，次のような要件を含んでいることがわかります．

紙以外の書写材　歴史的には，紙以外に次のような書写材も用いられてきました．

・ロゼッタ石文や中国の石鼓文のような岩石．
・古代メソポタミアやその周辺地帯で，楔形(くさびがた)文字を記すための記録材料として用いられた粘土板．
・古代エジプトにおいてナイル河畔に茂っていたカヤツリグサの一種から作られた書写材であるパピルス．
・羊や山羊の皮でつくった羊皮紙(パーチメント)，子牛の皮でつくったベラムなどの獣皮．
・インドの多羅樹の葉(貝多羅葉，略して貝葉)に経文を記した例がある樹葉や樹皮．
・竹簡や木簡など中国では古くから用いられていた木や竹．
・中国で用いられていた絹の繊維でつくった紙に似た帛(はく)．

巻物・折本　58ページの図参照．

紙葉　紙の一片．1枚の意．葉には郵便葉書を"葉書"と書くように，小さなもの，平たくて薄いもの，紙の一片などの意味があります．

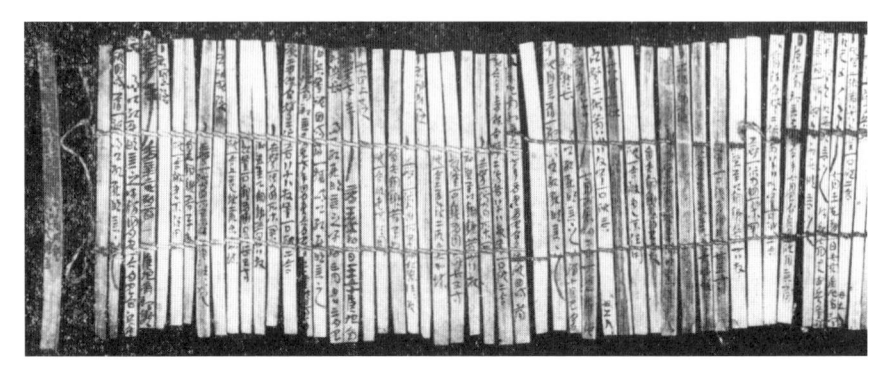

図1 とじた木簡の一部分(居延出土) 紙の発明以前は，木片に文書を書き(木簡)，麻ひもなどでとじ合わせて使用していました

1) 内容のあること

内容がなければ本ではありません．外観が本の形をしていても，中身が全部白紙ならば本とはいえません．白いノートや，製本の際につくられる束見本などは本ではありません．また，その内容は，手書きのものでも印刷されたものでもよいのですが，写真のアルバムやスクラップブックなどのように，中身の紙葉に貼り込んだだけのものでは，本とはみなされない場合があります．

束見本 完成したときの本の厚さなどの体裁を確認し，表紙(外観)のデザインなどの作業に役立てるために作製する見本のことです．完成品どおりの材料で同じ形に作りますが，文字や図などの印刷はせず，中身は白紙になっています．

2) 持ち運びが容易にできる

本は持ち運びが容易にできるものであることが必要です．持ち運びの自由にできない壁画や石碑のようなものは，図書という概念から除かれます．

3) 紙葉がとじられている

紙葉がばらばらにならないようになっていることが必要です．本は背が糸や針金でとじられているか，膠や糊(化学糊)のような接着剤で固められているのが普通です．単にカードなどを箱に入れておいても本とはいえません．

また，巻子本や折本などを本という場合がありますが，これらはばらばらになっていないからという理由

図2 グーテンベルクの"四十二行聖書"

によるだけではなく,現在の本の前身だからです.

4) 中身とそれを保護するもの(表紙)がある

本には,中身とそれを保護するもの(表紙)があります.製本することにより中身と表紙が一体となっていることが必要です.

5) ある程度の分量がある

本にはある程度の分量が必要です.一般的には,リーフレットやパンフレット類などは本とみなされません.これはある程度の分量が必要であることを示すものです.

ちなみにユネスコの出版物の統計のための定義では,表紙を除き49ページ以上の非定期出版物をブック(book)といっており,それ以下はパンフレット(pamphlet)と称しています.

本の定義 仕掛け絵本などの形態や,電子出版(電子ブック)の普及によって,新たな定義づけが必要になってきています.ただし,電子ブックにおいても,本文で述べたような本の要件や特徴を生かす形で設計がなされています.

2 本の種類と大きさ

本をまず外側の様式面からみていきましょう．

2.1 製本の種類

本は，複数ページ分を印刷した紙を，ページの続くように折り，とじ合わせ，さらに表紙でくるんで本の形に仕上げます．この作業を製本といいます．製本は大きく，図書館製本と数物(かずもの)製本に分けられ，本の製本は数物製本に分類されます．

1) 洋装本と和装本

書籍の製本をその様式から分類すると，洋装本と和装本に分けられます．洋装本は西洋の製本法によるもので，本の背(せ)(後述，表見返し参照)を表紙でおおいかくしてしまうのに対して，和装本では一部を布片か紙片で装飾をかねて保護することはあっても，背を全部おおってしまうことはありません．中身の紙への印刷でも，洋装本は紙の両面に印刷しますが，和装本では片面に印刷して印刷面が外側になるように2つ折にしてとじるのが普通です．

古くからの和装本にかわって，現在の書物のほとんどは洋装本です．この本でも，以下洋装本について説明していきます．

2) 洋装本の種類

洋装本は，本製本(ほんせいほん)(上製本(じょうせいほん)または上製(じょうせい)ともいう)と仮製本(かりせいほん)(並製本(なみせいほん)または並製(なみせい)ともいう)に大きく分類されます．

本の種類，大きさ，各部分の名称 手元に，文庫本や新書本でなく，しっかりした表紙のついている本を用意して，以下の説明と照らし合わせて確認しながらお読みください．

製本 製本の工程については，45ページ以降を参照．

図書館製本と数物製本 図書館製本はかつては諸製本〔もろせいほん〕ともいわれ，雑誌の合本〔がっぽん〕，論文の製本，本の改装，古書のとじ直し・修復などの1冊1冊が異なる製本を総称していいます．数物製本は同一様式の多様の製本をいい，一般の書籍製本と文具製本(ノート類などの製本)に分けられます．

洋装本 洋装本の製本技術が日本で本格的に始まったのは，明治6(1873)年に当時の印書局(現在の国立印刷局)にイギリス人のW. F. パターソンが製本術を伝授したことによります．

和装本 57ページからの付録で説明します．

本製本は，中身をあらかじめ仕上げてから，別に作成した表紙でくるんだものです．表紙は中身より少し大きくなっており，中身より少し周囲に出ている部分は"チリ"といいます．これに対して仮製本は，中身を表紙でくるみ，中身と表紙を一度に断裁して仕上げます．表紙と中身とが同じ寸法になります．

このように本製本と仮製本の区別は，表紙と中身の大きさが異なるか，あるいは同じかで判断できます．

なお，表紙に硬い芯紙を使用した厚い表紙の本製本をハードカバー（hardcover），一般的な仮製本のことをペーパーバック（paperback），表紙に硬い芯紙を用いない軟らかい表紙の本製本またはペーパーバックのことをソフトカバー（softcover）ともいいます．

この本は仮製本です．

3）洋装本のとじ方

洋装本をとじる方法は，その使用材料から，糸とじ，無線とじ（接着剤を使用），針金とじに分けられます．

糸とじは，糸とじ機を使用して，並べた折丁の背を糸でかがってとじます．本製本に用いられている丈夫なとじ方です．

無線とじは，糸も針金も用いないで接着剤だけでとじる方法です．並べた折丁の背の部分を切断し，その切断面にギザギザをつけ，接着剤で固めます．背の部分を切断しますので，カット無線ともよばれます．文庫本や新書本などに用いられています．

"あじろとじ"とよばれる方法も接着剤だけでとじる方法です．このあじろ（網代）とじは，印刷した紙を折る際に，背の部分の折り目に内側から切り込みを入れ，並べてから背に接着剤を塗ってとじます．接着剤が切り込みから浸透して，重なっている折丁の1枚ずつがとじられることになります．今日では，仮製本だけでなく，本製本でもこのあじろとじでとじる方式が採用されています．

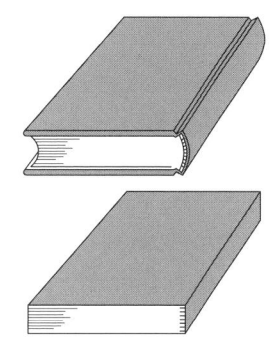

図3 本製本（上）と仮製本（下）

チリ　チリの寸法は，本の大きさや表紙の厚さによって異なります．大型の厚い表紙の本では3 mmから3.5 mmくらい，小型の薄い表紙の本では1.5 mmから2 mmくらいにしています．チリが大きすぎると，本を開く際に表紙が手にあたり，本が扱いにくくなります．また，チリは，本の背以外の三方にあります．この三方のチリの寸法がそろっているのが，よい製本の本です．

折丁　印刷された刷本（後述）を，製本作業でページ順に続くように折ったものをいいます．折本〔おりほん〕ともよばれています．1折〔おり〕，2折…と数えます．

無線とじ　無線とじは，広義にはあじろとじを含みますが，今日では一般にカット無線のことをいいます．

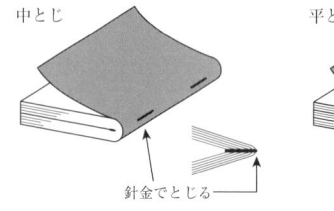

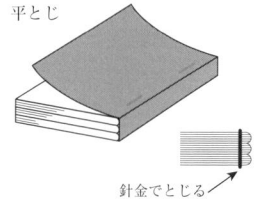

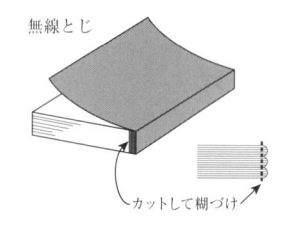

図4 針金とじと無線とじのとじ方

　針金とじは，週刊誌などの仮製本に用いられており，1冊をページの中央から開いて2つに分け，針金で背の側からとじます．この方法は"中とじ"といいます．針金でのど（後述，表見返し参照）に近い平らな部分をとじる方法もあります．これは"平とじ"といいますが，今日では教科書などを除いて，あまり見かけなくなりました．

2.2　本の大きさ

1) 規格の大きさ

　本の大きさのことを判型（はんけいともいう）といいます．

　現在の日本の本は，日本産業規格の"紙加工仕上寸法"（JIS P 0138: 1998）で規定された寸法に従ったものが多くつくられています．この規定に従った大きさのものを規格判といいます．表見返しに規格判の寸法を掲げてあります．

　規格判には，AシリーズとBシリーズがあり，書籍や雑誌に利用されているものとしては，以下のような大きさがあります．

　　A6判（105 mm×148 mm）…文庫など
　　B6判（128 mm×182 mm）…小説など
　　A5判（148 mm×210 mm）…学術書や総合雑誌など
　　B5判（182 mm×257 mm）…週刊誌など
　　A4判（210 mm×297 mm）…公的文書など
　　B4判（257 mm×364 mm）…雑誌など

　本の大きさ　本文で説明した判型の寸法は，表紙を除いた中身の大きさです．しかし，図書館では本の大きさは，外装の縦の大きさをcmで表します．したがって，A5判本製本の場合は，仮にチリの寸法を3 mmとすると，表紙の大きさは216 mmとなり，図書館では22 cmと表示します．

　紙加工仕上寸法　Aシリーズは面積が$1 m^2$のものをA列0判（A0判）とし，Bシリーズは面積が$1.5 m^2$のものをB列0判（B0判）とし，ともに番号が1つ大きくなるごとに長辺と面積が半分になるように決められました．また，短辺と長辺の比率は$1:\sqrt{2}$となるように決められています（mm以下は切捨て）．なお，"紙加工仕上寸法"では，Aシリーズを主要シリーズとし，また，A4判を"公的又は商取引で，通信及び印刷物の用紙の標準寸法として用いる"と規定しています．そこで，公的文書ではA4判が主に使用されています．

図5中のラベル:
Aシリーズ
Bシリーズ 1番＝1取・2ページ

$\frac{A}{B}$2＝2取・4ページ

$\frac{A}{B}$3＝4取・8ページ

$\frac{A}{B}$4＝8取・16ページ

$\frac{A}{B}$5＝16取・32ページ

$\frac{A}{B}$6＝32取・64ページ

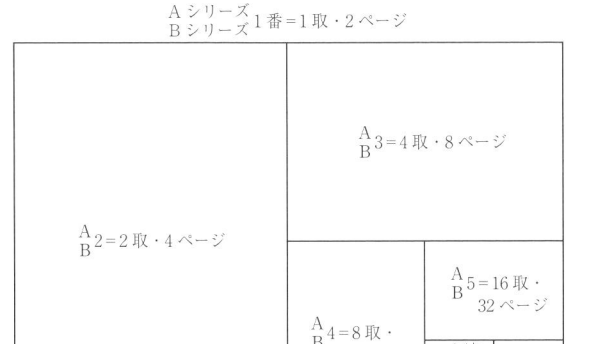

図5　規格による紙の取り方例　AシリーズとBシリーズがあり，各シリーズでは番号が1つ大きくなるに従って面積が半分になっています（イコールのあとの数字は，全紙を断裁して取れる数，およびページ数）

2) 規格外の大きさの本

　日本工業規格で規定されている寸法とは異なるサイズの本もつくられています．この規格外の大きさとしては，従来から多く採用されている四六判や菊判，新書に採用されている新書判などがあります．例えば，B6判と近い寸法で，小説や一般書などに多く採用されている四六判の左右寸法は，127 mm，128 mm，130 mm などがあり，天地寸法も188 mm，190 mm などの例があります．

　また，規格判の寸法をやや小さくしたものもあり，これは変型判とよばれます．例えば，もとになるB5判の寸法をやや小さくした場合は，B5変型判とよばれています．

　これらの規格外の寸法は，規格で定まっているわけではないので，出版社によって寸法にいくらか差があります．表見返しに規格外の寸法の例を掲載してあります．

2　本の種類と大きさ　9

　原紙の大きさ・寸法　枚葉紙〔まいようし〕（長方形のシート状に仕上げられた紙）の標準寸法は，日本産業規格の"紙の原紙寸法"（JIS P 0202）で規定されています．

　A列本判　625 mm×880 mm
　B列本判　765 mm×1085 mm
　四　六　判　788 mm×1091 mm
　菊　　　判　636 mm×939 mm
　ハトロン判　900 mm×1200 mm

　これら，原紙の規格寸法のもので，断裁されていないものを全判（全紙）とよび，一般に紙の取引は，この全判の大きさで行っています．

　A列本判・B列本判の1枚の全紙は，規格判の大きさのA1判・B1判より断裁のための余白を含んだ分だけ大きい関係にあり，A5判・B5判を取る場合には，表16ページ，裏16ページ，表裏で32ページ分が取れ，A6判・B6判を取る場合には，表32ページ，裏32ページ，表裏で64ページ分が取れるようになっています．

　四六判・菊判　昭和初期に政府が洋紙の加工品の仕上寸法を規定する以前からあった本の大きさの名称で，当時からその寸法には微妙な差異がありました．

　規格外の寸法　規格外の寸法の例にあがっているもののうち，A判，B判の全紙から変則的な取り方をするA判40取，B判20取などといった判型の本は，現在ではほとんどつくられていません．

3　本の各部分の名称

つぎに，本の各部分についてみていきましょう．

本は，表紙を中心とした外観的な部分と，中身(内容)の部分に大別することができます．これらの本の各部分には，それぞれ名称がつけられています．

3.1　外観的部分(表紙とその付属物)

1) 表紙

表紙(cover)は，書物の中身の保護，内容の表示，装飾などを目的とする本の外装です．したがって，書物の目的・判型・ページ数などによって，それに適した丈夫さと美しさをもっています．

表紙は普通，表表紙(おもて)と背表紙，裏表紙に分かれます．

雑誌などでは，表表紙の表面を表紙の1または表1といい，その内側(裏)を表紙の2または表2といいます．また，裏表紙の内側を表紙の3または表3といい，その外側を表紙の4または表4といいます．一般の雑誌では，表紙の1には誌名と主要目次や写真・絵などが入り，表紙の2,3,4には，広告を掲載することが多いようです．

書籍の表装用材料としては，本製本の場合はクロス・紙(ファンシーペーパー)・布・革などを使用し，仮製本では主にファンシーペーパーが使用されます．

2) 背

背は，中身のとじられた部分，またはその外側をいいます．外側は書物を書架に立てた場合でも見えると

> クロス　製本の表装用材料として各種の布に染付け・塗装・型付けなどの加工をしたものです．紙をベースにしたものもあり，これは紙クロスとよばれています．

> ファンシーペーパー　多彩な色や模様などを用いて，さまざまな色感や風合いをもたせた装幀用の紙です．特殊紙，ファインペーパーともよばれます．

3 本の各部分の名称　11

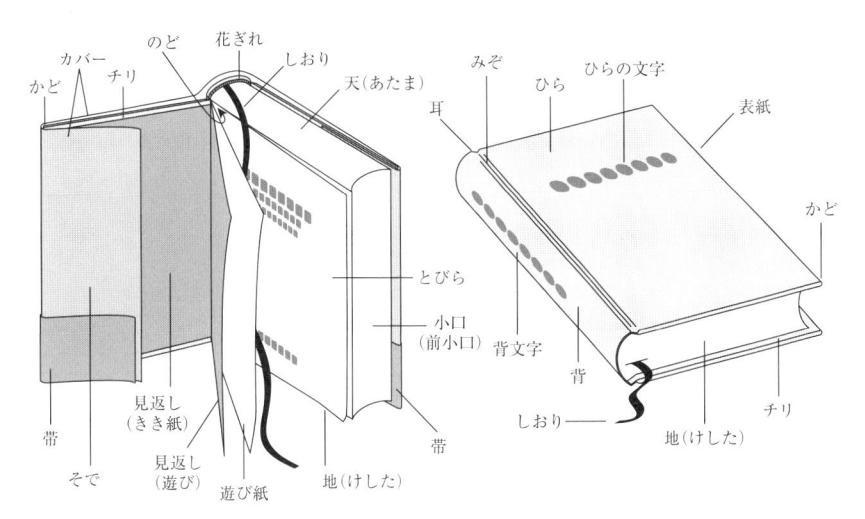

図6　本の各部分の名称

ころですから，どんな薄い本でもここに書名や著者名・出版社名(または出版社マーク)などを入れるのが普通です．背に入れる文字を背文字といいます．

本製本の背の形には，丸みをつけた丸背と，丸みをもたせず，平らなままに仕立てる角背とがあります．

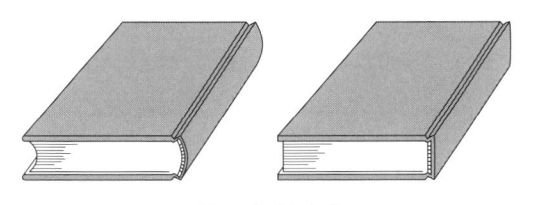

図7　丸背と角背

3) ひら

ひらは，表紙の平らになっている部分です．ひらにある文字を"ひらの文字"といいます．"表紙の文字"という場合には，背文字とひらの文字を合わせていうべきですが，ひらの文字のみを表紙の文字という場合もあります．

背の仕立て方　以下の3つの様式があります．

①フレキシブルバック(柔軟背)　表紙の背と中身の背が密着していて，しかも背の部分が柔軟にできているので，のど(後述)のところから十分に開き，本の開閉はスムーズです．しかし，本を開くと逆バッケ(背の丸みが逆の状態)になり，背文字が傷みやすい欠点があります．

②タイトバック(硬背〔かたせ〕)　表紙の背と中身の背が密着していて，しかも背の部分が固められている様式です．背は丈夫で形はくずれず，背文字も損なわれませんが，本の開きは不十分です．

③ホローバック(腔背〔こうせ〕)　前2者の長所をとって工夫された様式で，表紙の背と中身の背が離れています．現在の本製本は一般にこの様式をとっており，開閉も十分で背文字も損なわれません．しかし，開閉のときの力を表紙の接着部だけで支えているので，この部分からこわれやすい欠点があります．

4) 表紙のかど

背の反対側にある表紙の角の部分をかどといいます．

5) チリ

チリは，本製本で，中身を保護するために，中身の寸法より表紙をはみ出させている部分のことです．

図8　背の3様式

6) 耳

本製本の本の背の部分を上または下の方向から見たときに，表紙のひらにはさまれた部分よりも中身が両側にはみ出した部分が見えます．この広がった部分を耳といいます（図9参照）．この耳が表紙のみぞに挟まれて，表紙との接合を強くし本の開きをよくします．

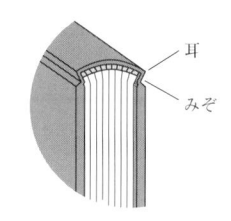

図9　耳とみぞ

7) みぞ

みぞとは，表紙のひらと背の境目のくぼみをいいます．表紙の開きと中身との密着をよくするためのものです．外側からみると，耳に平行した細いくぼみの線としてみえます．

8) 小口

洋装本では，中身の背以外の断面を小口といいます．小口は上下と背の反対側の三方にありますが，一般には背と反対側の部分のみを小口といいます．また，ほかの小口に対して前小口ということもあります．上の小口は天またはあたまとよび，下の小口は地またはけした（罫下）といいます．

高級な本では，装飾と本文用紙の保護をかねて，小口装飾をすることがあります．

小口装飾　小口装飾のうち，天に金箔をつけるのを天金〔てんきん〕といい，また三方に金をつけるのを三方金〔さんぽうきん〕，または単に小口金〔こぐちきん〕といいます．色染めとは，エアブラシや刷毛〔はけ〕を使用して染料を本の小口に塗ることです．またパラとは，染料をエアブラシで粗い粒露にして小口に吹きつけたものをいいます．小口装飾には，ほかにマーブルなどがあります．

9) のど

のどとは，中身が背に接する部分，あるいは，書物を開いたときのとじ目の側をいいます．

10) 花ぎれ

花ぎれ(head band)は，花布とも書き，ヘドバンともいいます．本製本で，中身の背の上下両端に貼りつけられる布のことで，本を丈夫にするとともに，装飾的な役割を果たします．

11) しおり

しおりは，スピン(spin)ともいい，本の背に貼り込まれているひものことです．辞書や六法全書などでは，使用上の必要から入れられますが，最近では美しい色のものが，装飾をかねて，多くの本に入れられています．なお，本の間にはさんでおく小さな紙片のこともしおり(紙しおり)といいます．

> しおりの長さ　本を開いて，紙面を斜めに横切るようにしおりをページの右下または左下のかどにあわせます．この状態で20 mmから30 mmくらいの余分の出るのが適当な長さといえます．あまり長いと邪魔になりますし，短いと使いにくくなります．

12) 見返し（みかえ）

見返しは，中身と表紙とのつながりを強くするために表紙の内側に貼るものです．本の耐久性は一般に，この見返しの強弱によって左右されます．見返しには2つに折った1枚の紙が用いられ，表紙の内側に貼るほうをきき紙といい，中身の側のひらひらしている見返しを遊びといいます．また，表表紙(おもて)につける見返しを表見返し，裏表紙につける見返しを裏見返しといいます．

本製本では必ず見返しがつきますが，仮製本ではつける場合とつけない場合があります．

また，見返しには通常何も印刷しませんが，本によっては図版や参考データを掲げることもあります．

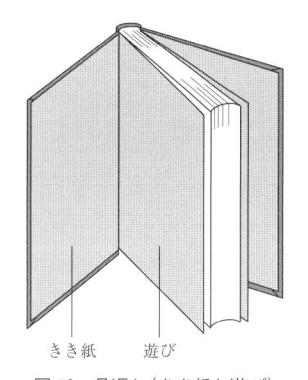

図10　見返し（きき紙と遊び）

13) 遊び紙

遊び紙は，中身のうちで両面に全く印刷されていない紙をいいます．体裁を整えるためや，印刷や製本の際に半端の出ないページ数にするために入れられます．

3.2　ページを構成する部分の名称

まず，中身の全体に共通するものとして，ページを構成する部分の名称から説明します（図11参照）．

1) ページ・丁・見開き

1冊の本で紙葉の片面のことをページ(page)といい，両面を合わせた紙葉1枚のことを丁といいます．ページを1ページ，2ページと数えるように丁も1丁，2丁と数えます．

また，本を開いた状態の左右の2ページを合わせて見開きといい，見開きの右ページに対しての左ページ，左ページに対しての右ページを，対向といいます．

2) ページの並び方

日本の本には縦組のものと横組のものがあります．

縦組の本は文字が上から下に並んで行となり，行はページのなかで右から左に並び，ページは左から右にめくられます（右開きの本，みぎびらきともいう）．この場合，表表紙の側からみるととじは右側になりますので，右とじといいます．

これに対して横組の本は，文字は左から右に並べられ，行は上から下に並べられ，本は右から左にめくられます（左開きの本，ひだりびらきともいう）．とじは，左とじとなります．

本は紙葉の表面を1ページとして始めますので，見開きでは，右開き（右とじ）の縦組の本では向かって右側が偶数ページとなり，左側が奇数ページとなります．左開き（左とじ）の横組の本では，これが逆になり，向かって左側が偶数ページとなり，右側が奇数ページとなります．

〔改〔かい〕ページと改丁〔かいちょう〕〕　本づくりにおいて，改ページ（改頁）というのは，これから始まる文章を次のページから起こすということです．改丁というのは丁を改めることであり，したがってつねに奇数ページから始まることになります（改ページのときは，偶数ページで始まるケースと奇数ページで始まるケースがあります）．仮に前のページが11ページで終わったとすると，改ページのときは12ページから始まり，改丁の場合には13ページから始まります（12ページは印刷されないページ（白ページ）となります）．

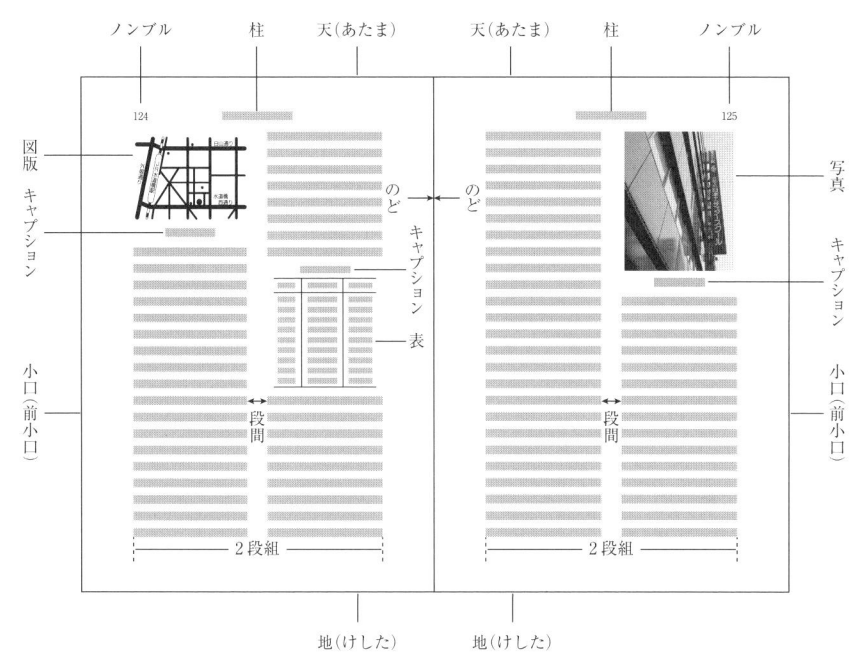

図11 ページを構成する部分の名称

3) ノンブルとページ数

　各ページの順序を示す数字(ページつけの数字)をノンブルといいます．また，このページつけの数字は丁付けとよばれることもあります．なお，ページ数という場合は，その本の全体のページの数量を示します．

　ノンブルは本文だけでなく，前付・後付(後述)にもつけますが，これには，前付と本文とを別々に1ページからつける場合と，全部を通してつける場合とがあります．前者を別ノンブルといい，後者を通しノンブルまたは追いページといいます．

4) かくしノンブル

　かくしノンブルとは，中扉(後述)や全面挿絵などのページで，ページ数には数えられていながら，ノンブルが印刷されていない形式のことをいいます．また，句集や歌集，詩集などで，目立たないように，ノンブ

> ノンブル　ノンブルとは，フランス語のナンバーを意味する nombre からつけられた名前です．

ルを小口ではなくのどの近くにつける場合も，かくし
ノンブルといいます．

5) 柱(はしら)

柱は，各ページの最上端または最下端あるいは前小口の近くなどにしるされた書名・章名または主要項目などをいいます．柱の掲げ方には，奇数ページにのみ掲げる片柱(かたばしら)方式と奇数ページ・偶数ページの両方に柱を掲げる両柱(りょうばしら)方式とがあります．

両柱のときは，偶数ページに比重の大きい見出し(例えば編・章)または書名を，奇数ページにはそれよりも比重の小さい見出し(例えば節・項)を掲げるのが一般的です．

6) 版面(はんめん)

版面(はんづらともいう)は，中身の文章や図版などを配置する印刷面のことです．書籍をつくるときには，基本的な版面を1つ設計し，すべてのページにおいてその版面を基準に文字の配置や図版・表などの配置を決めます．雑誌では，文字の大きさや段数などを変えた複数の基本的な版面(フォーマット)を設定しておき，その版面を使い分けて，記事ごとに視覚的な変化をつけています．

7) 行と行間(ぎょうかん)

文字は決められた文字数を，縦組では上から下に，横組では左から右へ並べていきます．この文字の並び(文字列)を行といい，一般に文字と文字の間を空けないでベタ組で組みます．また，1行の文字数を字詰といいます．

行と行との間は行間といいます．文字を組む際には，1行の字詰を何字詰にするか，行間をどのくらい空けて組むか，1ページの行数を何行にするかが，文字組の基本となります．

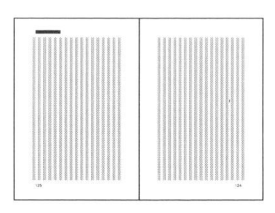

奇数ページ　偶数ページ

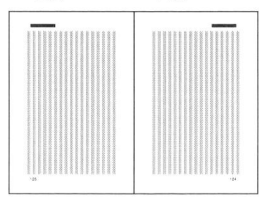

図12　片柱方式(上)と両柱方式(下)—縦組の例

基本的な版面　書籍では一般に，縦組・横組の組方向，本文の文字の大きさ，1行の文字数，1ページの行数，行と行の間隔などを設定して決めていきます(33ページ・組方の基本形の注参照)．

ベタ組　文字と文字の間を空けないで組むことを，ベタ組もしくは単にベタといいます．

8) 段と段間

雑誌では多くの場合，本文を何段かに区分しています．この1区切りを段(column)といい，段の数により2段組，3段組，……とよんでいます．また，2段組以上のものを総称して段組とよんでいます．書籍でも判型が大きい場合や，1ページの収容字数を増やしたい(行間をつめて，1ページの行数を多くできる)ときなどに段組が利用されています．

また，段と段の間を段間といいます．なかには，この段間に罫を挿入する場合もあります．これを段罫(段ケイ)といいます．

9) ルビと圏点

むずかしい漢字などに読み仮名・振り仮名をつけることがあります．この場合，振り仮名を小さな文字で，縦組では漢字の右側に，横組では上側に配置します．これをルビとよんでいます．

ルビと同様に，強調したい語句の右(縦組)または上(横組)に(丶)や(・)などの印をつけることがあります．これは圏点(または傍点)といいます．

10) 約物

文章を書き表す場合には，漢字や仮名以外に括弧類や点(，)や丸(。)などのくぎり符号も用います．これらの括弧類や点・丸，その他の記述記号，しるし物を総称して約物とよんでいます．

約物の名称を表見返しに掲げました．

3.3 本の内容順序

1) 本文と前付・後付

ふつう本は，表紙を開けるといきなり文章が始まっているわけではありません．主要な内容部分を本文(ほんぶんともいう)といいますが，その前には著者の

ルビ かつて，振り仮名に用いられていた印刷文字(活字)の大きさが，欧文活字のルビーとよばれる大きさにほぼ相当したので，そこから，一般に振り仮名のことをルビとよぶようになりました．

挨拶や目次などが，後ろにはあとがきなどがついています．この，本文の前につけられる部分を前付，後につけられる部分を後付といいます．こうした部分があることで，本はより利用しやすいものとなっているのです．

2) 前付・本文・後付の順序

本のこの3つの部分の内容と順序は，各国の本づくりの伝統や習慣によって多少の違いがありますが，日本では一般に次のようになっています．

〈前付〉
1. 扉(とびら)
2. 口絵(くちえ)
3. 献辞(けんじ)
4. 推薦のことば
5. 序文(じょぶん)（まえがき・はしがき）
6. 凡例(はんれい)
7. 目次(もくじ)
8. 図版目次

〈本文〉
9. 中扉(なかとびら)
10. 本文

〈後付〉
11. 付録
12. 索引(さくいん)（あとがき）
13. あとがき（索引）
14. 奥付(おくづけ)

3.4 前　付

前付には，扉・口絵・献辞・推薦のことば・序文・凡例・目次などがあります．

　索引とあとがき　索引は，あとがきの前に置くのが内容順序としては原則です．しかし，縦組の本に横組の索引をつける場合は，組方向が違うので，あとがきの後とする方法が一般的です．

1) 扉

　扉は，その名が示すとおり，書物の入口にあたる部分です．表紙を開けると，見返しの遊びがあって，次にこの扉がきます．扉は，本扉または大扉(おおとびら・だいとびら)，題扉，標題紙(ひょうだいし)ともいいます．

　外国の書物の扉は，一般に本文と同じ紙(共紙(ともがみ))ですが，日本では文庫本や新書本を除いては，多くが本文の紙とは別の紙(別紙(べつがみ)，別丁)を使っています．

　扉には，書名・著者名・発行所名などが掲げられます．一般的には，裏白(うらじろ)(裏側に何も印刷しないで白ページにする)としていますが，書名・著者名・刊行日などの書誌事項をこの裏ページに掲げている本もあります．また，翻訳書の場合には，裏ページに原語で書名・著者名・発行年・原出版社名・著作権エージェントなどの著作権表示を掲げることが多いようです．

2) 前扉

　前扉は，小扉(ことびら)ともいいます．扉(本扉)の前にあって，書物の題名のみをしるしたものです．

　外国の書物では，前扉を入れているのが普通の形です．日本でも翻訳書や，扉(本扉)を共紙にした場合に，前扉を入れることがあります．

3) 口絵

　口絵とは，巻頭に入れる写真や絵のことです．日本では，一般に扉の次に入れます．口絵が1枚の場合は，扉の対向に入れることもあります．多くは印刷の品質をあげるためにアート紙やコート紙などを用いて，別刷(べつずり)(本文とは別に印刷する)としています．

4) 献辞

　献辞とは，著者がその著書をとくにある人物にささげる旨を書いたことばのことです．特別にそのためのページを設けて，表面の1ページに体裁よくまとめ，

アート紙・コート紙　アート紙・コート紙ともに，ベースになる紙の両面または片面に塗料を塗工し，表面を平滑に仕上げた紙で，印刷の再現性がよいので写真集やカラーものの印刷によく用いられています．アート紙は，コート紙より塗料の塗工量が多く，最高級の塗工紙です．

その裏面には何も印刷しないようにします．簡略化して，扉の裏ページを利用して掲げる場合もあります．

5) 推薦のことば

その本の紹介をかねて，著者とは別の人の推薦のことばを掲げることがあります．これは一般に序文の前におかれます．

6) 序文

序文は，序・はしがき・まえがきなどともいい，普通，著者・訳者・編者などによって書かれます．序文は読者の理解を助けるための"前口上"ともいうべきものですから，文字の大きさを本文より大きくするなどして，より読みやすいようにすることもあります．

図13　序文の例

7) 凡例

学術書やページ数の多い編纂書には，序文に続いて凡例が入ります．凡例は，内容の理解を助けるために，本文中の用語や略語や例則についての説明を箇条書きにしたものです．

とくに辞典類のように一定の約束によって記述されているものには，凡例は非常に重要です．見出し語とそれに付属する部分について，配列の方法や解説について，さらに使用している略語や記号類，また挿図や付録にいたるまでの編集方針の説明を，要領よくコンパクトに記載します．

編纂書　年鑑や辞書など，多くの資料をもとに，一定の方針のもとで編集してまとめた書物のことをいいます．

8) 目次・図版目次

目次は，本文の内容を一覧にしたもので，本文中に掲げられる主要な見出しを順序を追って列記し，そのページを表示します．本文中の編・章・節などの見出しは，すべて目次に掲げられるのが普通です．詳細な目次は索引的な役割をも果たしますので，読者にはきわめて便利です．目次は，図版目次などに対して内容

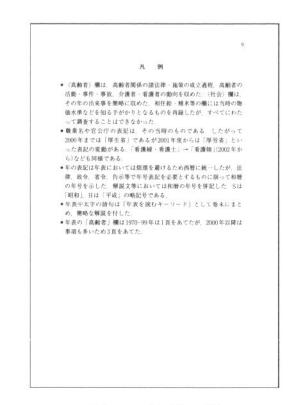

図14　凡例の例

目次ということもあります．

　図版・写真・表などのたくさん入る本の場合には，これらの検索のために，別に図版目次や表目次をつけることがあります．

3.5　本　文

　本文は，書物の主体部分をなすものであって，内容的には前付・後付を除いた部分のことです．

1) 中扉

　本文に相当の分量があり，それがおのおの独立した数編の部分から成り立っている場合，その1編1編の前に区切りとして，その部分の標題(ひょうだい)をつけたページを挿入することがあります．これを中扉といいます．中扉は本文と同じ紙(共紙)にする場合と，辞典類などのように，付録や索引などの位置を明示するために，色紙などの別紙を使う場合があります．どちらも裏面は白ページ(裏白)とします．

2) 半扉

　半扉は，中扉を簡略にしたもので，表面に標題のみを掲げ，裏面からすぐに本文を始める形です．本文を見開きで始めたいときや，中扉にするほどではないが，一応の区切りをつけたいという場合に使います．

3) 見出し

　見出しは標題ともいい，内容が一目でわかるようにしたもので，編・章・節などの見出し語をあわせていいます．編・章・節のように見出しが3本立て(3段階のレベル)になる場合は，大きなものから大見出(おおみだ)し・中見出(なかみだ)し・小見出(こみだ)しとよびます．

　また，本文行頭に入る見出しも小見出しの一種で，同行(どうぎょう)見出し，行頭見出しなどともいいます．本文行

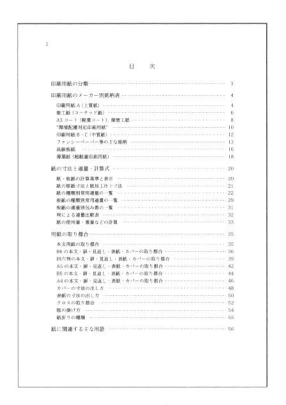

図15　目次の例

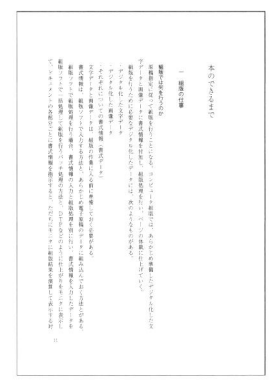

図16　見出しの例

頭に，2行または3行のスペースをとっておく見出しは，窓見出し(まどみだし)とよばれています．

見出しには，副題がつくことがあります．これがサブタイトル(subtitle)です．

4）引用文・参考文献

本文中において，ほかの本などから文章を引用する場合があります．これを引用文といいます．引用であることを明らかにするために「　」や" "で囲んだり，別行にして，本文より行頭を1字もしくは2字下げて組みます．これらの引用した書物や，参考とした文献については章末や書物の終わりに書誌情報をまとめて，参考文献(bibliography)として掲げる場合があります．

5）注（挿入注・頭注・脚注・傍注・後注・補注）

注とは，本文を補足してその意味を明らかにするものです．

注にはいくつかの形式があります．本文中の説明を要する語句のすぐ後につくのが挿入注です．挿入注としては，文中に括弧書きでつづけるかたちのほかに，行間に配置する行間注，文中に小さい文字で2行に分割して配置する割注(わりちゅう)というかたちがあります．

頭注はページの上部に掲げる注で，ページの下部につけられる注は脚注です．また，横組で，ページの小口寄りもしくはページの右側に入れる注を傍注(sidenote)とよんでいます．縦組の本では，見開きページの奇数ページの小口寄りに組む注も傍注といいます．

本文の編・章・節や段落などの区切りの終わりまたは巻末に入れられる注を後注とよび，注で述べられた事項をさらに補うために別にまとめられた注が補注です．

本書の注は，横組の傍注の形式です．

図17　窓見出しの例

書誌情報　書名，著者名，発行所，刊行年などの，その文献・資料を特定するための情報です．

行間注　学習参考書などで字句に注釈を施す場合などにつけられます．

割注の例　　　　　　頭注の例　　　　　　脚注の例（縦組）

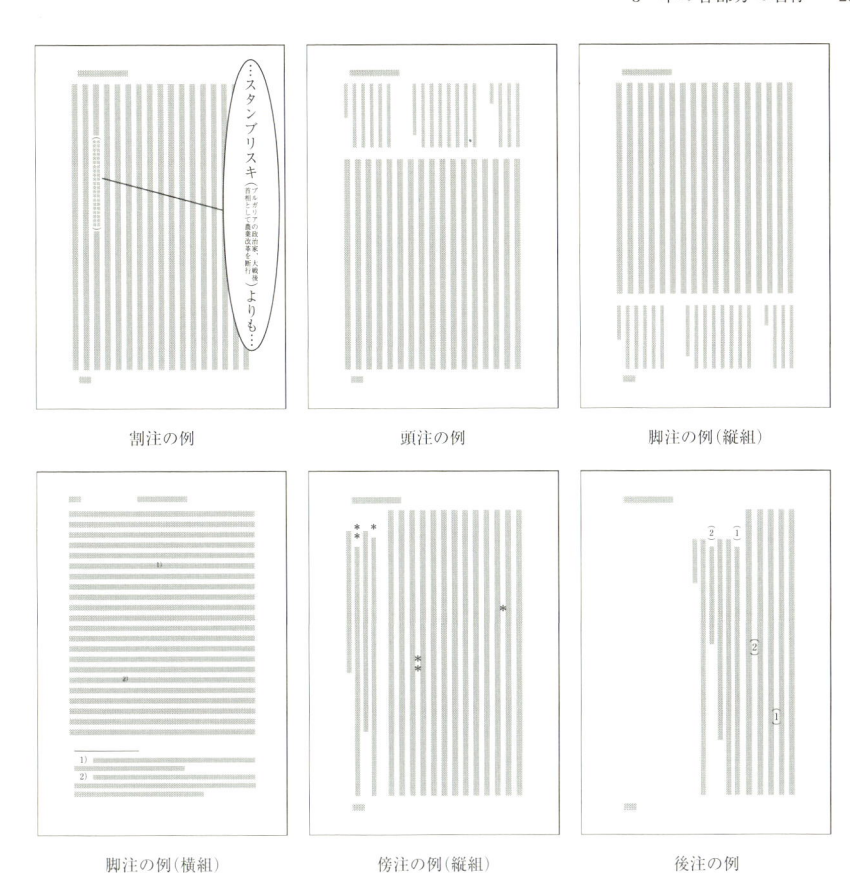

脚注の例（横組）　　　傍注の例（縦組）　　　後注の例

図18　注の形式

6）図版と写真

　本文には，内容の理解を助けるために，図版や写真が入ることがあります．

　図版とは，本文中に印刷された図や絵のことで，これには単に線だけであらわしたもの（線画）から，鉛筆画や水彩画のように，線だけでなく，さらに濃淡であらわしたものなどがあります．

　また，写真には濃淡の階調（gradation）があります．この階調は一般に網点の大小によって表現する方法をとっています．

網点　原稿の連続的な濃淡を印刷物で再現するために使う点の集合で，等間隔に並んだ点の大小で濃淡を表現します．

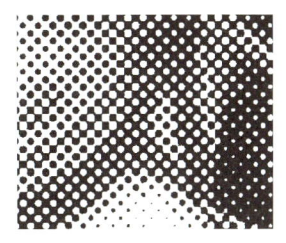

図19　拡大した網点の例

図版や写真には標題や簡単な説明をつけますが，これをキャプション(caption)あるいはネーム(name)とよびます．

7) 表

表とは，ある事柄を数字などによって示し，本文の理解を助ける一覧のことです．統計・経済・工学関係書などに多くみられます．表に使用する文字は本文より小さくして組むのが普通です．

表には一般に標題をつけますが，この標題も図版・写真と同様にキャプションあるいはネームといいます．

3.6 後　付

本文に続く後付としては，付録・索引・あとがき・奥付・奥付裏広告などがあります．

1) 付録

付録とは，本文と内容上の関連をもち，しかも本文のなかに入れるのが適当でないもの，例えば年譜・年表・参考書一覧・図版・地図などを，巻末にまとめた部分をいいます．辞典類では，後付にまとめられたものを総括して付録という場合もあります．

図 20　索引の例

2) 索引

索引(index)とは，本文中の重要な語句・術語・人名・地名などを抽出し，それらが本文のどのページにあるかを記載したものです．通常，アルファベット順や五十音順に配列します．索引は主として検索を必要とする学術書・専門書につけることが多いのですが，検索の機会の多い実用書などにも，できるだけ索引をつけることが望ましいといえます．

図 21　奥付の例

3) あとがき

あとがきは，著者が原稿を完成したあとに，感想などをしるしたものです．翻訳書の場合には，原著者についての解説などにあてられることもあります．序文より軽い意味をもち，つけない場合もあります．

4) 奥付

奥付とは，その書物の書誌学的に必要と思われるデータをまとめてしるしたものです．一般には，書名・発行年月日・版数・刷数・著訳者名・著作権者名・出版者名とその所在地・電話番号・FAX番号・URL，ISBN(国際標準図書番号，後述)，その他，印刷・製本会社名，著者の略歴などを記載します．書名と著訳者名には，振り仮名もつけます．

なお，かつては奥付に検印が押されていましたが，最近ではほとんど省略・廃止されています．

5) 奥付裏広告

奥付裏広告とは，奥付の後につける自社出版物の広告のことです．この奥付裏広告には，同じ著者の書物をまとめたもの，その書物と関連のあるもの，あるいはその書物がシリーズものの1冊であれば，そのシリーズについての広告を掲げます．

なお，印刷・製本では台を単位として作業しますが，一般に16ページを一単位として台を区分する(台割という)と効率がよく，コストも安くなります．そのため，本の総ページ数が16の倍数になるように，数ページにわたって広告を入れる場合もあります．

3.7 付き物(付属物)

書籍では，本体以外にカバーや読者カードなど付属物がついています．これらの付属物は付き物とよばれています．なお，付き物といったときは，本文以外の

検印 検印は日本固有の慣例で，発行部数の確認のために，著者が切手状の小さな紙片(検印紙)に押した印のことです．これを奥付などに貼っていました．

台割 印刷・製本工程で本の総ページを作業単位(台)ごとに区分することです．印刷では印刷機1台で一度に印刷されるページ数を1台として区分することであり，製本では製本の折丁を折ごとに区分することです．1折が16ページのときは，これを1台として区分します．製本する場合，一般に刷本(後述)を16ページ(または8ページ，32ページのこともあります)を単位として折りたたみますので，この16ページを単位として台割を考えます．

例えば，ある本の総ページが254ページとなった場合，16ページ単位では半端がでてしまいます．その半端を16ページ×15+8ページ+4ページ+2ページといった処理にすると，作業効率が悪くなり，コストもその分余計に掛かります．そこで，2ページの広告ページや何も印刷しない白ページをつけて総ページを256ページとすると，16ページ×16となって台割がよくなり，印刷・製本の手間が少なくなり，コストも下がります．

前付や後付をさす場合と，本文と同じ紙（共紙）で印刷しないときの扉，見返し，表紙，カバー，外函（そとばこ），読者カード，帯紙，売上カードなどをさす場合とがあります．扉，見返し，表紙については前述しましたので，それ以外の付属物について説明します．

1) カバー（ジャケット）

カバー（cover）とは，書籍の表紙の上にかけるおおい紙のことです．

カバーには，書名・著訳者名・出版社名・出版社マークなどの書誌情報と，販売・流通上必要となる日本図書コード（後述）などの管理コードやバーコード，定価などが印刷されます．

カバーは本の中身を保護するとともに，本の顔としてその本の個性を主張する重要な役割をもっています．書店の店頭での宣伝効果も担っていますので，デザインをこらして多色刷でカラフルに印刷されたものが多く，PP貼りなどの表面加工もなされます．

なお，カバーの見返し側に折り返した部分をそでといいます．

2) 帯紙（おびがみ）

書籍の表紙・カバーまたは外函の下部に巻いた帯状の印刷物を帯紙といいます．帯または腰帯（こしおび）ともいいます．白紙または色紙に，キャッチコピーや内容紹介，批評の一部，出版社名・定価などが印刷され，店頭における販売広告の役割を果たします．

3) 外函

外函は，本を保護することが第1の目的ですが，装飾的および宣伝的な役割ももっています．この函には，組み立てた下函に印刷した貼り紙を手作業で貼る貼り函と，機械を使って，針金や接着剤で止めて製函する機械函，その中間的な，外見上は貼り函のように見え

カバー　欧米では，coverといえば日本の表紙のことです．書籍の表紙の上にかけるおおい紙は，book jacket, dust jacketとよばれています．こうした事情から，日本でもカバーのかわりにジャケット（ブックジャケット）という用語も使用されています．

定価　定価は，一般に〈本体価格＋消費税〉の形で表示されます．

PP貼り　カバーや表紙などの印刷物の表面を保護し，光沢を与えるために，印刷物の上へポリプロピレン・フィルムを接着剤で圧着する表面加工の方法です．

ますが機械による製函の型抜き函(組立函)とがあります．

4) 売上カード

売上カードはスリップ(slip)ともいい，書店の販売業務のために出版社が作製して，書籍の中身にはさんでおく，短冊(たんざく)形のカードのことです．普通，売上カードと注文カードがひとつながりになっていて，2つ折りして本にはさまれ，本が売れたときに，書店が本から抜きます．追加でその本を仕入れたければ，注文カードを売上カードから切り離して，小売書店名・取次会社(書籍の卸店のこと．後述)名印を押して，出版社にまわします．そのため，"注文短冊"ともいわれます．

5) 読者カード

出版社が読者の読後感その他の意見を求める，アンケート用のカードのことです．一般に私製ハガキを用い，料金受取人払いの表示をすることもあります．愛読者カードともいいます．

6) 正誤表

正誤表とは，印刷完了後に誤りが発見されたときに，その誤りの形と正しい形とを並べて表にしたものです．正誤表が必要になったときには，一般に本文とは別の紙で印刷し，製本完了後に本にはさみ込みます．

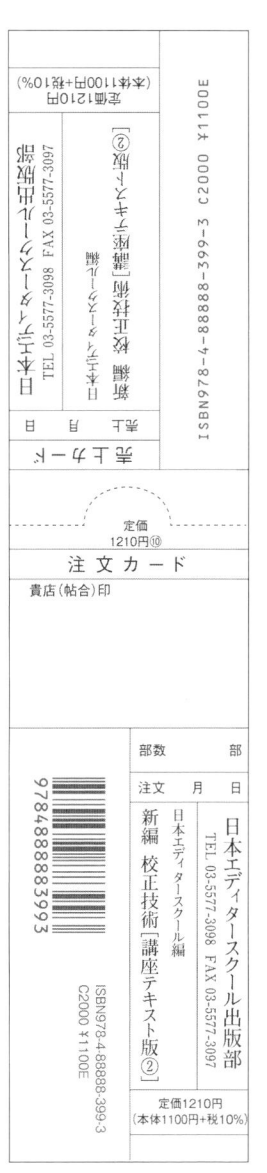

図22 売上カード(注文カード)の例

4 本のできるまで

ここでは、本がどのようにしてつくられるか、企画・編集・造本設計・校正・印刷・製本などの本づくりの過程を、概括的に説明していきます。

4.1 企画とその実現

本づくりは企画から始まります。企画は出版の核となるものです。企画にあたっては、新味があり独創性があるということが大切です。また、読者にこの内容のものを読んでほしいという明確な意思が必要です。そのためにも、読者像をしっかりとイメージできていることが重要です。

1) 企画の立案と決定

企画は出版物のいわば設計書です。どんなテーマにするのか、内容のレベルをどの程度にするのか、読者対象は誰か、その出版は社会的にどのような意味があるのか、誰に執筆を依頼するのか、どこに重点をおいて書いてもらうのか、などを立案します。

また、どんな判型にし、どのくらいのページ数にするかといった形の問題や、製作費用はどれくらいかかり、定価はいくらにするのか、何部くらい売れそうかといった販売面など、多くの点について具体的に考えていきます。

企画を思いついた編集者は、それを細部まで練り上げて、出版企画書としてまとめ、編集会議（企画会議）に提案します。そこで企画書が慎重に検討され、企画の採否が決定します。

編集会議（企画会議） 編集者だけでなく、経営者、営業・宣伝の責任者も参加して行う、編集に関する最も重要な会議です。出版社ではこの会議を定期的に実施しています。

2）執筆の依頼

企画が決定すると，著者に手紙などで面会の約束をとり，お会いして原稿の執筆依頼をします．その際には，テーマ，原稿の枚数および原稿完成の時期などを示します．承諾を得られれば，原稿を執筆する際の表記などについての打合せが行われます．ここではまた，印税（著作権使用料）や原稿料その他の出版条件についても取り決めます．これらの条件を明文化したものが"出版契約書"です．

原稿を執筆する際の表記　文体（"である体"か"ですます体"か），数字表記（漢数字かアラビア数字か），図・表のつくり方など，さまざまな点を相互に確認しあいます．その確認事項をまとめたものは"執筆要項"などとよばれています．

3）原稿ができあがるまで

ここから著者による原稿の作成が始まるわけですが，原稿執筆が創作活動である以上，わけなく楽にできあがるものではありません．したがって，編集者はただ完成を待つだけでなく，進行具合を確認しながら何度も督促し，場合によっては資料の準備などを手伝うなどして，執筆のサポートをします．それでも完成が遅れたり，できあがった内容が出版社の意図したものと異なっていたり，分量が予定の枚数をはるかに超えるものだったりするようなことも少なくありません．そこに出版という仕事のむずかしさがあり，編集者の苦心もあるわけです．

印税と原稿料　印税と原稿料は，著者の作成した著作物を使用させてもらう（出版させてもらう）対価，すなわち著作権使用料として支払うものです．本の定価に対するパーセントで設定し，発行された部数もしくは販売された部数に応じて支払われるものが印税（それぞれ発行印税，売上印税という），原稿の分量（一般に400字詰原稿用紙の枚数）で支払われるものが原稿料とよばれています．

4）原稿の吟味

著者が原稿を書き上げ，原稿が出版社に渡ると，出版社ではその内容を吟味し，企画で意図したとおりのものとなっているか，全体の構成はどうか，原稿の分量は適切か，といったことを検討します．場合によっては，著者に原稿の部分的な手直しや加筆を依頼することもあります．

このようにして，入手した原稿を吟味・検討し，その原稿内容が出版に値すると決まると，原稿はさらに具体的な編集作業にまわります．

原稿　著者が作成した原稿には，手書きの原稿と，パソコンを使用して入力を行い電子データになっているデータ原稿（デジタル原稿，電子原稿などともいう）があります（36ページ参照）．

5）編集企画ものや持込み原稿など

　出版社の企画のたて方には，出版社内部で新しい企画をたて，著者に原稿を依頼するもの（書き下ろし原稿）のほかに，すでに著者が雑誌などに執筆した原稿をまとめるもの（編集企画もの）や，出版社の外部からすでに書き上げられた原稿が持ち込まれるもの（持込み原稿）があります．また，編集プロダクションが独自に企画をたてて出版社に持ち込んだり，出版社が編集プロダクションと連携して企画をたてることもあります．

　これらの原稿や企画に対しても，編集会議で十分な検討を行って，採否を決定します．

4.2　原稿編集（原稿整理）

　原稿の吟味が終わり出版することが決まっても，それで本になる原稿が完成したわけではありません．原稿の内容が正確に読者に伝わるように，またスムーズに読者が文章を読んでいくことができるように，編集者は原稿を細かく読み，内容的な面と表記などの形式的な面で，原稿を整えていく原稿編集（原稿整理，copy-editing）の作業を行います．本になる原稿として完成させていくのです．

1）原稿を編集・整理する

　編集者は原稿ができあがると，原稿がどのようにできあがっているかを細かく点検します．前ページの"原稿の吟味"では，企画内容やテーマをどのように表現・論述しているか，そのオリジナリティや表現方法などに注目しながら読み込んでいきます．原稿編集では，それとは視点を変え，原稿の細部に分け入り，内容の構成や，日本語表記に関するルールとの適合性などの点について，点検と確認を行います．編集の第2段階の作業です．

編集企画もの　すでに印刷物になっているいくつかの原稿を一定の方針にもとづき配列し構成して，1冊の本にまとめていくものです．場合によっては，著者に新たに原稿を追加してもらうこともあります．編集者は，関心のあるテーマや著者の書いた本や雑誌などについて，細かな目配りをほどこしながら原稿を集め，企画を立案していきます．

編集プロダクション　出版社と同じように，書籍や雑誌の企画，編集，造本設計，校正などの編集実務を行っていますが，発行と発売（販売）には携わらない組織をいいます．

"日本語表記ルールブック"　現在の日本語の一般的な表記法である"現代表記"について，その原則と注意点をまとめ，漢字・仮名，外来語，数字，句読点，括弧類の表記の基準を示したルールブックです（日本エディタースクール出版部刊）．

4 本のできるまで

●企画とその実現
- 企画の立案
- 企画会議
- 原稿執筆の依頼
- 原稿の入手
- 原稿の吟味

●原稿編集
- 原稿整理

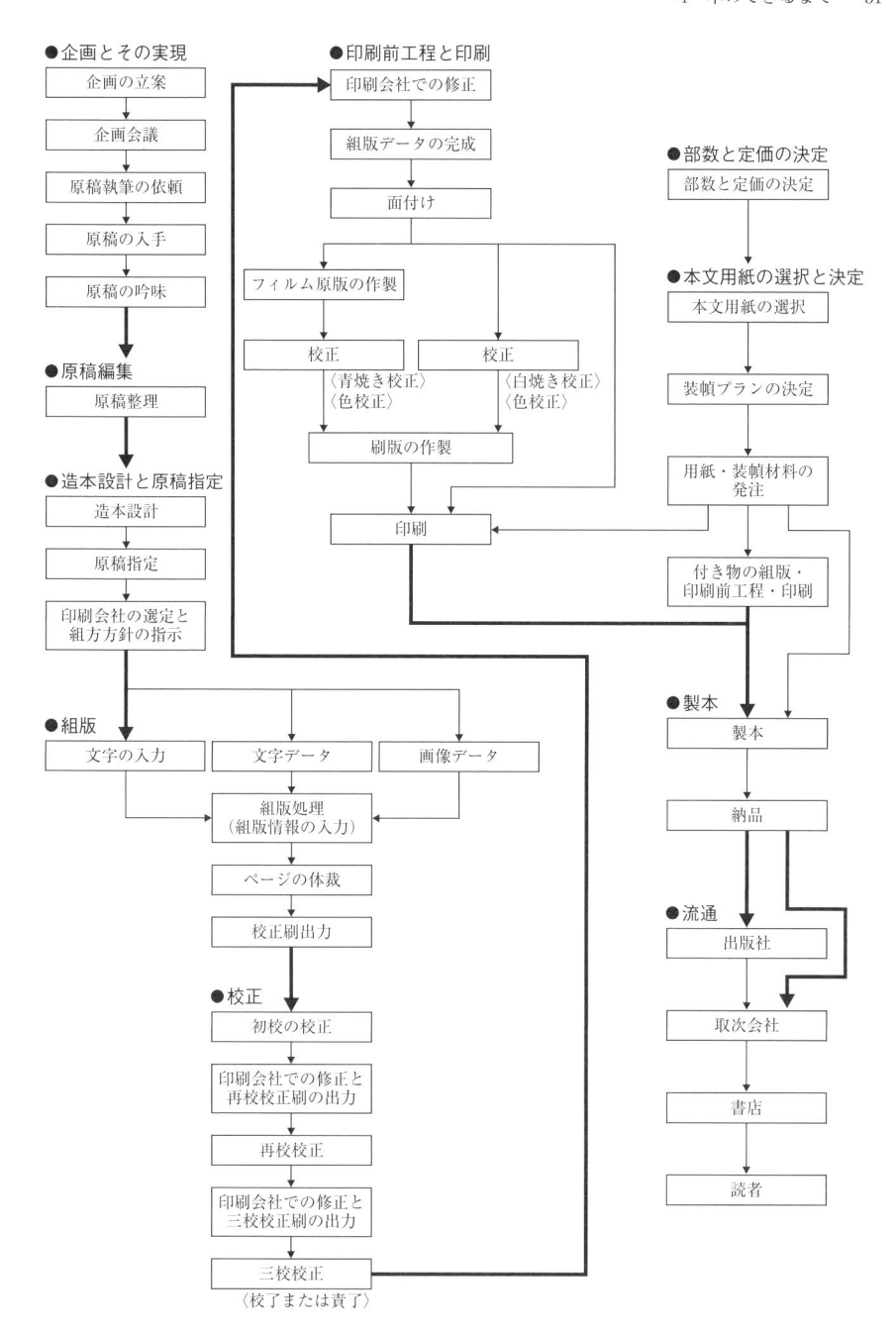

●造本設計と原稿指定
- 造本設計
- 原稿指定
- 印刷会社の選定と組方方針の指示

●組版
- 文字の入力
- 文字データ
- 画像データ
- 組版処理（組版情報の入力）
- ページの体裁
- 校正刷出力

●校正
- 初校の校正
- 印刷会社での修正と再校校正刷の出力
- 再校校正
- 印刷会社での修正と三校校正刷の出力
- 三校校正〈校了または責了〉

●印刷前工程と印刷
- 印刷会社での修正
- 組版データの完成
- 面付け
- フィルム原版の作製
- 校正〈青焼き校正〉〈色校正〉
- 校正〈白焼き校正〉〈色校正〉
- 刷版の作製
- 印刷

●部数と定価の決定
- 部数と定価の決定

●本文用紙の選択と決定
- 本文用紙の選択
- 装幀プランの決定
- 用紙・装幀材料の発注
- 付き物の組版・印刷前工程・印刷

●製本
- 製本
- 納品

●流通
- 出版社
- 取次会社
- 書店
- 読者

図 23　本づくりの作業工程

編集者はよく"第一の読者"といわれます．読者の視点で，読者が著者の書いた原稿内容を十全に理解できるように，原稿を点検していきます．

2）原稿編集の作業

原稿編集（原稿整理）には，①原稿の内容を細かく点検し，体系を整える仕事（内容的整理）と，②原稿の用字用語・体裁などを整理・統一する仕事（形式的整理），③組版作業（後述）ができるように原稿を整える仕事，の3つの仕事があります．

内容的整理は，原稿が読みやすいように構成されているか，読者にわかりやすい表現になっているか，著作権などの法規に抵触していないか，などを確認して，原稿の全体の体系を整理していきます．

形式的整理は，漢字の使い方や仮名遣い，送り仮名，外来語の表記法，数字表記などについて，一定の方針を決めて，原稿の全体を整理・統一していきます．

原稿を整える仕事は，組版しやすいように原稿の形式を整えていきます．

この原稿編集で，編集者が原稿を編集・整理して原稿に赤字を入れることは，著者の原稿を訂正することになります．したがって，編集者は独断に陥ることなく，著者との打合せとその了解を得たうえで，必要な編集作業を行います．

なお，原稿には，原稿用紙に手書きで書かれている原稿と，パソコンを使って作成された原稿があります．手書き原稿の場合は，その原稿に直接，原稿編集で訂正する部分を赤字で書き込みます．パソコンで入力したデータを原稿にする場合は，そのデータをプリントアウトしたもの（出力見本，ハードコピー）に赤字で書き込みをしていきます．

入力したデータを複写し，パソコン上でそのデータを修正し，完成した原稿のデータとして組版工程に利用することも，広く行われています．

原稿編集での赤字　原稿編集で原稿に修正の指示を入れる際には，印刷校正記号（後述）を使用して赤字を記入します．

"原稿編集ルールブック　第2版"　原稿編集にあたって最低限心得ておきたい知識を集成した，コンパクトなルールブックです（日本エディタースクール出版部刊）．

4.3 造本設計と原稿指定

原稿編集が終わると，次に本の形を考えたり，本文の文字や図版等の配置方法を決める造本設計と，それに沿って原稿に具体的な指示を書き込む原稿指定を行います．この仕事は，読みやすく体裁のよい本をつくるためにはとくに大切な作業で，造本設計と原稿指定の巧拙が，出版物の形式面での品質を左右するといえます．

1) 造本設計

造本設計では，最初に，原稿の分量や見出しなどの構成，表や図版の点数などの原稿の状態を点検・確認します．それをもとに，その本の内容と目的にそって，本の体裁を考え，設計をします．

具体的には，本の大きさ(判型)，本文の組体裁，予定ページ数，組版・印刷前工程・印刷の方式，製本の様式，用紙材料，発注先，進行予定などの，完成までのプロセスで決定しなければならないさまざまなことがらについて，ひとつひとつ検討し，決定していきます．

2) 原稿指定

次に，造本設計に沿って，文字の大きさ，図版や表のサイズや，それぞれの配置方法についての指示を，具体的に原稿に記入します．

原稿指定は，本文の組体裁(組方の基本形)を基準にして，内容構成に従い，改丁・改ページ(14ページ注参照)にする箇所や，見出しの文字の大きさ・書体，行ドリなどの組方，注・引用文などの細部の組方を決め，赤字で原稿に指示を書き込んでいきます．

図版や写真が入る場合には，その大きさを決め，入る位置，キャプションの組方などを指定します．

組体裁 基本的なページの形．

文字の大きさ 一般の書籍・雑誌の印刷に用いる文字(印刷文字)の大きさの単位には，2種類のポイント(P，ポ)と級数(Q)の3種類があります(文字の大きさ見本は図24参照)．

1ポイント(JIS) ≒ 0.3514 mm
1ポイント(DTP) ≒ 0.3528 mm
　　　　　　　　(1/72インチ)
1級(Q) = 0.25 mm

本文には，判型や内容にもよりますが，9ポイントもしくは13級がよく使われています．

2種類のポイントのうち，JISで規定している1ポイント=0.3514 mmの単位は，アメリカンポイント(ap)とよばれています．DTPでは1/72インチのDTPポイントが多く使われています．

本づくりにはどの単位も使用できますが，1冊の本・雑誌の中では，混在させず同じ単位を使用します．

組方の基本形 以下の要素から決める，本文ページの基本となる形のことです．
① 判型(本の仕上りの大きさ)
② 組方向(縦組か横組か)
③ 本文に使用する文字の大きさと書体
④ 1行の字詰・字間
⑤ 1ページの行数・行間
⑥ 段数と段間の大きさ
(以上の②から⑥で構成する版面を"基本版面"といい，縦組9ポ細明朝体43字詰16行，行間8ポ，1段組などと表記します．)
⑦ 柱の文字の大きさ・書体・位置
⑧ ノンブルの文字の大きさ・書体・位置
⑨ 刷り位置(印刷面と余白)

以上のほか，前付・後付についても一定の方針をたてて指定を行います．

これらの原稿への指定は，原稿編集での赤字の記入と同様に，印刷校正記号(後述)を使用して行います．

原稿指定は，紙面に文字や図版などの各要素を配置していく作業でもあり，そのためにレイアウトや割付とよばれることもあります．

3) 印刷会社の選定と組方方針の指示

原稿指定の作業と並行して，印刷を依頼する印刷会社を決めます．原稿の内容や製作する本の形式に応じた印刷の能力，見積り価格，納期などを総合的に検討し，取引関係のある印刷会社のなかから印刷会社を決定していきます．適切な印刷会社がない場合は，新規の印刷会社に依頼することもあります．

印刷会社が決まると，組方についての指定の方針や注意事項を一覧にして，原稿とともに印刷会社に渡します．これを組方指定書または組方要項・原稿指定票とよんでいます．

とくに新しい組方をする場合，複雑な組方をする場合，初めての印刷会社に依頼する場合には，まず印刷会社に原稿の冒頭などを数ページだけ組んでもらい(見本組)，これを吟味したうえで，実際の仕事にとりかかるのが普通です．

4.4 組　版

組版とは，組方の設計に従って，文字・図版を配置し，ページの形に仕上げていく作業です．

組版から印刷までの方式にはいくつかの種類がありますが，ここでは現在最も一般的に行われているコンピュータ組版—オフセット印刷という方式をもとに説明します．

コンピュータ組版には，CTS(シーティエス，Computer-

内容構成　実用書や専門書では，本文の内容を，多くは章・節・項というように分け，また大見出し・中見出し・小見出しというように見出しをつけて，論理的に秩序正しくなるように分類整理しています．これを，本の内容構成といいます．

書体　印刷文字の場合には，縦横の線の太さ，起筆部・終筆部の形など共通のスタイルで設計された一群の文字を，書体とよんでいます．そのうち，明朝体〔みんちょうたい〕は整然としていて読みやすく，本文に使用される代表的な書体です．(細明朝体，中明朝体，太明朝体などの種類があります．)明朝体の漢字は，横線に比べて縦線が太く，起筆部が強調され，終筆部に3角形のうろこがついているのが特徴です．また，見出しや強調する部分などに用いられるゴシック体などの書体があります．ゴシック体は文字の線の太さがほぼ等しく，うろこのない書体です．

・明朝体の例
　和文の書体としゅるい
・ゴシック体の例
　和文の書体としゅるい

行ドリ　そこに組まれている通常の行の何行分を見出しのスペースにするかという指定の方法です．

"文字の組方ルールブック"　日本語の文章を本や印刷物にする場合にどのように組んだらよいか，その基本となるルールをまとめた本です．〈タテ組編〉と〈ヨコ組編〉があります(日本エディタースクール出版部刊)．

4　本のできるまで　35

4 ポ	使用する文字の大きさを考える使用する文字の大きさを考える使	7 級	使用する文字の大きさを考える使用する文字の大きさ
5 ポ	使用する文字の大きさを考える使用する文字の大きさを考え	8 級	使用する文字の大きさを考える使用する文字の大き
6 ポ	使用する文字の大きさを考える使用する文字の大	9 級	使用する文字の大きさを考える使用する文字の
7 ポ	使用する文字の大きさを考える使用す	10 級	使用する文字の大きさを考える使用す
8 ポ	使用する文字の大きさを考える使用	11 級	使用する文字の大きさを考える使用す
9 ポ	使用する文字の大きさを考える使	12 級	使用する文字の大きさを考える使
10 ポ	使用する文字の大きさを考え	13 級	使用する文字の大きさを考える
11 ポ	使用する文字の大きさを考	14 級	使用する文字の大きさを考え
12 ポ	使用する文字の大きさを	15 級	使用する文字の大きさを考え
13 ポ	使用する文字の大きさ	16 級	使用する文字の大きさを考
14 ポ	使用する文字の大きさ	18 級	使用する文字の大きさを
15 ポ	使用する文字の大き	20 級	使用する文字の大きさ
16 ポ	使用する文字の大き	24 級	使用する文字の大
18 ポ	使用する文字の	28 級	使用する文字の
20 ポ	使用する文字の	32 級	使用する文字
22 ポ	使用する文字	38 級	使用する文
24 ポ	使用する文字	44 級	使用する
26 ポ	使用する文	50 級	使用する
28 ポ	使用する文	56 級	使用す

図 24　文字の大きさ　ポイント（1 ポ＝0.3514 mm）と級（1 Q＝0.25 mm）

ized Type-setting System，電算植字システム）や，パソコンで組版をするDTP（Desktop Publishing, Desktop Prepress）などの方式があります．

CTSとは，コンピュータを利用した一連のシステム化した組版作業のことをいい，DTPが普及するまではコンピュータ組版の方法として広く印刷会社で行われていました．DTPは，組版用のソフト（DTPソフト）を利用してパソコン上で組版処理を行うシステムで，現在の組版の主流です．

このDTPソフトの普及によって，印刷会社だけでなく，出版社や編集プロダクション，デザイン事務所などが，DTPソフトを使用して組版を行う方式もとられるようになってきました．

1）原稿をデータ化する

コンピュータ組版は，以下のような手順で進められます．

コンピュータ組版を行うためには，まず文字・写真・図版を，コンピュータで処理できるように，文字データと画像データに電子データ化する必要があります．手書き原稿の場合は，パソコンのワープロソフトなどで入力し，文字データを作成します．

原稿が印刷物である場合は，スキャナ（scanner，画像入力装置）とOCR（Optical Character Recognition, Optical Character Reader，光学式文字読み取り装置）ソフトを使用して，紙の上の文字を読み取ります．OCRソフトは，スキャナで読み取った字形を文字コードに変換するソフトです．

電子データ化されていない写真や図版原稿は，カラースキャナで読み込んだり，パソコンのグラフィックソフトで画像データを作成します．

原稿が著者や編集者によってすでに電子データ化されているデータ原稿の場合は，CD-R，USBメモリなどの記録メディア，もしくはインターネットなどを利

コンピュータ組版　組版は，長い間活字を組んでいく活字組版が行われてきましたが，その後，写真植字（写植，写真の原理を応用して文字盤から文字を焼き付けていくシステム）が併用されるようになり，さらにコンピュータを利用した組版が一般的になりました．このシステムをコンピュータ組版といいます．

オフセット印刷　印刷版の版面からインキを一度ゴムブランケットの上に移してから紙に印刷する方式です．

2) 組版

データがそろうと,組方指定書や原稿指定で書き込まれた赤字の指示に沿って,組版する作業に入ります.コンピュータ組版では,文字や画像のデータを読み込み,文字の大きさや書体,1行の字詰や行数,画像を置く位置などの情報(組版情報,書式情報)を入力して,ページの体裁を仕上げていきます.

DTPソフトでは,出来上がりのページサイズを設定してドキュメントを作成し,そこに文字データや画像データを読み込んでいきます.読み込んだ文字や画像を選択し,書体や大きさなどの情報を入力すると,その結果がすぐにパソコンの画面上に表示されます.そうしてカラーデータや組版情報を取り込んだ,ページどおりの形をドキュメント上につくっていきます.

組版作業が終わると,出来上がったデータをレーザプリンタで紙に出力します.ページの形になったデータが正しいかどうかを確認する,校正作業で使用するためです.この紙を校正刷とよび,校正刷を出版社などの発注者に届けることを出校といいます.

校正刷　校正刷はゲラ刷または単にゲラともいいます.ゲラとはgalleyの発音が変化したもので,本来は活字組版を収める浅い盆のことです.このゲラに活字組版を入れたまま校正刷を作成したことから,転じてゲラ刷は校正刷を意味するようになりました.コンピュータ組版では,組版を置く盆のゲラは使用しませんが,今日でも従来からの習慣で,校正刷をゲラ刷やゲラとよんでいます.

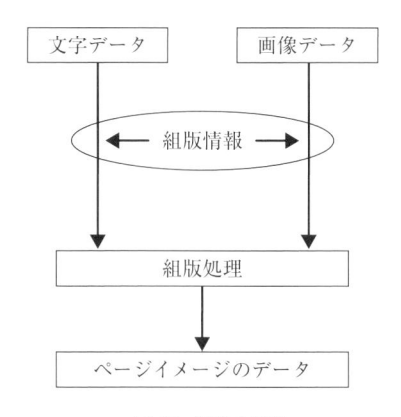

図25　組版の工程

4.5 校　　正

組版をへて出力された1回目の校正刷を初校校正刷(初校)といいます．この初校校正刷を点検することから，校正の仕事は始まります．

校正刷で点検するのは主に次の3つの点です．
①組版作業での誤りがないか(誤植など)
②組体裁がルールに沿っているか
③原稿のデータに明らかな誤りがないか

校正は，こうしたことを校正刷を見ながら確認し，修正すべきところがあれば，校正記号を使ってその指示を書き込んでいくという作業です．

校正記号は，その主なものを裏見返しに一覧にして示しました．

1) 校正の作業方法

校正には，原稿引合せ・赤字引合せ・素読みの3つの作業方法があります．

原稿引合せは，原稿が手書きの場合に行われます．手書き原稿では，組版の前に原稿を電子データ化しますが，その際に入力やかな漢字変換のミスが生じると，校正刷に原稿とは違う文字が入ってしまう可能性があるためです．そのため，原稿引合せでは原稿と校正刷を並べて置き，1字ずつ比べ合わせて，校正刷がきちんと原稿の内容を反映しているかを確認します．直すべきところがあれば，校正刷に赤字で校正記号を書き込んでいきます．

一方，原稿がはじめから電子データ化されている場合は，そのデータを組版に使用しますので，一般的には校正刷に原稿と違う文字が入ってしまう可能性は少なく，原稿引合せをしないケースが増えています．ただし，組方の基本形などの確認は必要であり，また原稿整理や原稿指定でハードコピーに書き込んだ赤字に

誤植　コンピュータ組版以前に行われていた活字組版における組版の作業は植字〔しょくじ〕とよばれていました．誤植は，そこから生まれたことばです．

校正記号　校正の指示内容が間違いなくわかるように，簡略に表記する共通の記号として，日本産業規格で規格化されています(JIS Z 8208: 2007 印刷校正記号)．

この日本産業規格の"印刷校正記号"は，第1次規格が1965年に制定され，以後，校正や編集または組版関係の実務書のほとんどに引用され，文字物の印刷物の校正実務に幅広く参照されてきました．しかし，この第1次規格は当時の主要な組版方法だった活字組版を前提に制定したものでした．そこで，コンピュータ組版に対応させるとともに，その他の面も含めて，記号の見直し・追加を行い，2007年に現在の第2次規格が制定されました．

"校正記号の使い方　第2版"
タテ組，ヨコ組，欧文組の校正記号とその使い方をコンパクトにまとめてあります(日本エディタースクール出版部刊)．

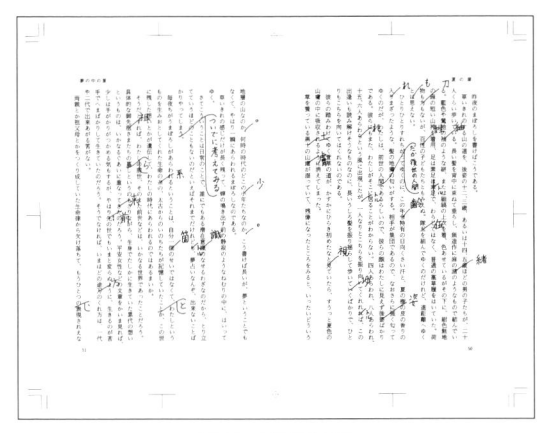

図26　校正刷の例

ついては，その赤字を原稿引合せのように1字1字引き合わせて確認します．この作業は赤字引合せといいます．

　素読みは，原稿引合せや赤字引合せを終えた後に，原稿からいったん離れ，校正刷のみに注意を集中して読んでいきます．言葉や文字の使い方に不適当な箇所はないか，文章に不整合はないかなど，多くの点に気をつけながら校正刷を点検していきます．とくに，今日気をつけるのは，パソコンでの入力の際の変換ミスによる同音異義語，同訓異字語の誤りに注意することです．これらを見落とさないようにすることが，校正に求められる大きな仕事となっています．

　また，OCRソフトを使用したデータ原稿の場合には，字形の似た字の誤植がありますので，校正の際に違った対応が必要となります．

2) 校正作業の流れ

　まず初めに行う初校校正刷に対する校正作業を，初校（初校校正）といいます．初校では，組体裁の確認を最初に行います．そのうえで，原稿が手書きの場合には原稿引合せと素読み（初校では素読みを省略することもあります）を，電子データ化されている場合には

同音異義語・同訓異字語　同音異義語は，対象・対称・対照のように字音が同じで意味の違う語，同訓異字語は，熱い・暑い・厚いのように訓が同じで字の違う語です．ともにパソコン入力で見落とされることの多いことばですので，校正の際に細心の注意をはらう必要があります．

初校　初校といったときには，初校の校正刷をさす場合と，初校校正刷に対する校正作業をさす場合の，両様の使い方があります．

校正者　校正の仕事は，出版社の社員だけでなく，フリーランスの校正者（社外校正者，在宅校正者）が依頼を受けて行うケースもよくあります．

赤字引合せと素読みを行います．

　初校がすむと，赤字の入った校正刷は，原稿とともに著者に届けられ，著者による点検作業（著者校正）が行われます．ここで著者が行うのは，校正者が行うような校正作業ではなく，もう一度内容を確認したり，校正者が書き込んだ疑問について答えを出したりする作業です．著者校正は希望により，2回目の校正である再校（さいこう），もしくは3回目の校正である三校（さんこう）まで行うこともあります．

　著者校正がすみ，疑問も解決されると，赤字の点検・整理を行います．ここで赤字がないようであれば校正作業は終わりますが，赤字があれば修正を依頼し，その結果を確認するために再度校正刷を出力してもらう必要があります．その場合は校正刷に"要再校"と赤字で記入し，組版工程に戻します．組版での修正作業は，初校校正刷を出力したデータに上書きするかたちで行います．修正が終われば，2回目の校正刷（再校校正刷，再校）を出力します．

　再校校正刷に対する校正作業は，再校（再校校正）といいます．再校では，赤字引合せと素読みを行います．この赤字引合せでは，初校校正刷と再校校正刷を並べて置き，初校校正刷に書き込まれた赤字について，再校校正刷の該当部分を引き合わせて確認していきます．直しもれ，直し間違いがあれば，再度校正記号を赤字で書き込みます．

　再校で赤字が入った場合には，さらに修正を依頼し，3回目の校正刷（三校校正刷，三校）が作成されます．誤りを残したまま印刷してしまうことがないように，細心の注意を払ってこれらの作業を行います．

3）校正作業の完了

　訂正の赤字がなくなり，印刷しても問題ない状態になれば，校正が完了したことになります（校了）．校正刷に"校了"と書き，次の工程に作業を進めます．

疑問　校正者が校正をしていて，原稿の用字用語や表現・事実関係などに疑問を生じたときは，校正刷の該当箇所などになぜ疑問に思うのかを鉛筆で示して，著者にその解決を求めることがあります．

校了　校了は，原則的には，直しが1つもなく，そのまま出力できる状態です．しかし，校了紙（校了とする校正刷）には若干の赤字が入っているのが実状です．そこで，多少の赤字があっても，直しがあまり面倒でない場合，印刷会社（組版工程を印刷会社に依頼している場合）の責任において直してもらい校了にします．これを責任校了といい，略して責了といいます．

4.6 部数・定価の決定と宣伝・販売

1) 部数・定価の決定

校正の進行に合わせて，本を印刷する数（部数）と定価を決定します．部数を考えるためには，類似書や同じ著者が以前に出版した本の販売部数などのデータを参考にします．また定価は，製作にかかる費用の見積りと部数などをもとに計算し，決定します．

2) 宣伝・販売

刊行予定に合わせて，宣伝・販売計画をたて，取次会社（書籍・雑誌の流通などを行う会社，53ページ参照）や書店への事前の新刊の案内や告知，新聞・雑誌等への広告をはじめとして，各種の宣伝・販売活動を行います．

4.7 本文用紙の準備と装幀

1) 本文用紙の準備

出版社では校正刷を校了にする前に，本文用紙に使用する紙を決め，印刷部数に応じた数量を計算して，用紙店に発注，印刷会社に納入しておきます．書籍に使う本文用紙は，本の内容やページ数，読者対象などを総合的に考慮して，書籍用紙のなかから選ぶのが一般的です．

2) 装幀（そうてい）

本文用紙の準備と同時に，出版社では本の装幀をどのようにするかも決めます．装幀は，単に表紙やカバーをきれいにデザインすればよいのではなく，書店に置かれたときの展示効果を考慮し，また本の内容を的確に表現できるように考えます．そのため，装幀材料も素材や質感などをよく考えて選択し，文字や色の配

部数・定価の決定 部数や定価も，経営者と編集部，営業部などの責任者が検討し，最終決定をします．

本文用紙に使用する紙 紙には目とよばれる方向性があり，同じ大きさの紙でも，目の向きが長辺に平行している"縦目〔たてめ〕"，短辺に平行している"横目〔よこめ〕"の2種類があります．
本は仕上げられたときに，紙が縦目（本ののどに平行）になっているようにつくります．横目（のどに直角に目が通っている）になっていると，本の開きが悪く，またのどが波うっているような本になります．本文用紙を決める際には，A5判，菊判，B5判の本では縦目の全紙を，A6判，四六判，B6判の本では横目の全紙を選びます．

書籍用紙 書籍に使用することを目的に製造された紙です．一般に薄クリーム色で，本にしたときにめくりやすい柔軟性を持ち，裏抜け（紙の表面に印刷されたインキが裏面から透けて見える状態）しないなどの特徴があります．

置も工夫して，手に取りたくなる魅力的な本に仕上げるのです。

　装幀は，デザイナー（装幀家・図書設計家）や画家などの専門家に依頼したり，出版社内で行う場合は，その本の内容に通じている編集者などが担当します。

4.8　印刷前工程と印刷

　ここでは最初に，校正が終わってから印刷に取りかかるまでに行う，印刷前の最後の工程について説明します。企画からここで説明する刷版までの工程を，印刷(press)に対してプリプレス(prepress)とよんでいます。

1）組版データの出力と面付け

　組版データは，責了（あるいは校了）となった校正刷にもとづいて最後の修正が行われ，完成となります。そして，印刷に向けてデータを出力する前に，エラーを起こさず問題なく出力されるかどうか，プリフライト(pre-flight)もしくはフライトチェックとよばれるデータチェックをします。この確認を怠ると，文字化けや画像の抜けなどのミスに気づかずに出力してしまうおそれがあります。

　組版データは，両面に印刷して，折丁(おりちょう)にしたときにページが続くようにページを組み合わせて出力します。このページを組み合わせる作業を面付け(めんつけ)といいます。1折が16ページの場合は，図27のように面付けされます。

2）刷版(さっぱん)（印刷版）の作製

　次に，面付けされたデータから刷版（印刷版，印刷用の版のこと）を作ります。刷版の作製には，以下の2つの方式があります。

　①組版データ　→　フィルム　→　刷版

印刷前工程　印刷版を作成する工程なので，一般に製版といわれています。

プリプレス　印刷(press)以前(pre-)の工程，すなわち，印刷物を印刷機にかける前工程の総称です。なお，印刷後，最終的に商品に仕上げる製本などの後加工は，プレスの後という意味でポストプレスとよばれています。

組版データ　DTPソフトで組まれた組版データは，一般にPDF（ピーディエフ，Portable Document Format)形式で保存します。PDFファイルは，受け手側のコンピュータの機種や環境にかかわりなく，DTPソフトで組まれた文書や画像を表示することができますので，データの受け渡しに広く使われています。

文字化け　入力した文字とは別の文字が出力されることを，俗に文字化けといいます。

画像の抜け　入っているべき画像が出力されないことです。

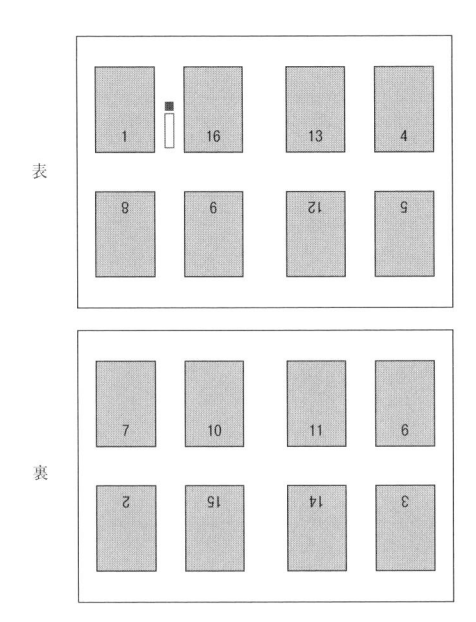

図27 面付けの例(縦組)

②組版データ → 刷版

①の方式では，刷版を作るために，まずデータをフィルム(フィルム原版)に出力します．このフィルムを使って"青焼き校正"などの点検・校正を行い，そののち刷版に焼き付けます．オフセット印刷の工程としては，長い間この方式が行われてきましたが，現在では次に説明する②の方式が主流になっています．

②の方式は，フィルム原版に出力しないで，直接刷版に面付けしたデータを出力する方式で，CTP(シーティピー，Computer to Plate)とよばれています．CTPでは，"白焼き校正"(次ページ参照)という点検を行います．

白焼き校正で最終確認がすむと，印刷機によって，機械に取り付けられる刷版の大きさは違いますので，使用する印刷機に対応した複数の面付けデータを1枚の刷版に配置して(大貼りという)，刷版を作製します．

青焼き校正　青焼きは，フィルムを特殊に加工した感光紙に密着して焼き付けたもので，それを用いて印刷前に最終確認と点検をする校正が青焼き校正です．なお，この工程での校正は，誤植や体裁などを確認する組版作業後の校正とは違い，刷版を作製する上で問題がないかを確認する作業です．

大貼り　通常，A5判の本では32ページ，B6判の本では64ページを1枚の紙に印刷しますので，図27のような面付けデータを，表面と裏面にそれぞれ2枚，もしくは4枚並べることになります．すなわち，A5判32ページを一度に印刷する場合には，例えば，1折と2折の表面を片面に大貼りし，1折と2折の裏面をもう片面に大貼りします．

3) デジタル印刷

　デジタル印刷は，前項の①や②と違って刷版をつくらずに，面付けデータを直接印刷機に出力して印刷します．刷版代がかからず比較的安価になりますので，印刷部数の少ない場合などに行います．オンデマンド印刷(on-demand printing)も，この方法で行います．

4) 白焼き校正

　白焼き校正では，面付けデータを大型のプリンタで出力し，それを折丁のように紙折りした形で印刷会社から出校されたものを点検します．責了の校正紙(責了紙)の赤字が正しく直されているか，ページの順序は正しくなっているか，刷り位置は間違いないかなどの最終確認をここでします．

5) 色校正

　カラー印刷では，刷り上がりの色の状態を点検するために色校正を行います．

　色校正では，原稿の状態や刊行物の内容によって重点の置き方に違いがありますが，仕上がりの写真の調子や色調の点検が重要です．色や調子が再現されているか，色バランスはくずれていないか，版ずれはないか，などを細かくチェックします．

　DDCP(Direct Digital Color Proofing)といって，デジタル校正用の出力機から出力したカラー校正刷で行うのが一般的ですが，実際の印刷により近い状態で確認するために，製版校正刷で校正することもあります．

6) 印刷

　完成した刷版を印刷機に取りつけて印刷します．

　印刷の機械には，平圧機，円圧機，輪転機の3種類がありますが，オフセット印刷やグラビア印刷(後述)は輪転機で印刷されます．

　また，印刷には，凸版・平版・凹版の3つの版式が

デジタル印刷　会社や学校，家庭などで行われている，パソコンとプリンタを接続して印刷する方法・原理を適用して，印刷を行う方式です．

オンデマンド印刷　オンデマンドとは，"要求に応じて"という意味で，必要部数を必要なだけ即時に印刷するというシステムです．オンデマンド印刷に使用する印刷機は，デジタルイメージング機，デジタル印刷機などともよばれています．

カラー印刷　カラー印刷では一般に，シアン(C，緑みの青)，マゼンタ(M，赤紫)，イエロー(Y，黄)，ブラック(K，黒，墨〔スミ〕という)の4色の刷版を重ね合わせて印刷し，色を再現しています．

製版校正　フィルム原版または組版データから校正用の刷版を作製し，そこから製版校正刷を出校します．DDCPよりコストはかかりますが，印刷前に厳密に仕上がりの色を確かめておきたいときに行います．

ありますが，本や雑誌の印刷ではオフセット印刷が一般的です．オフセット印刷とは，刷版の版面からインキを一度ゴムブランケットの上に移してから紙に印刷する方式で，平版印刷の代表的なものです．

本文の印刷と平行して，扉や口絵，カバー，表紙，売上カードなども印刷されます．

印刷が完了した印刷物(刷本(すりほん))は，不良品を除くための検品を行います．

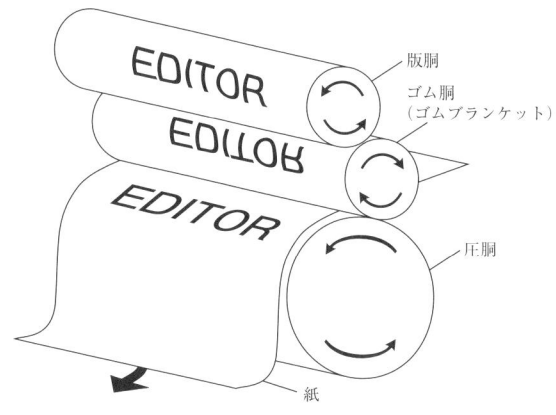

図28 オフセット印刷の仕組み

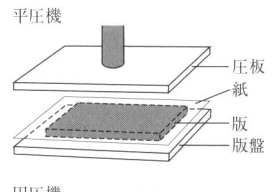

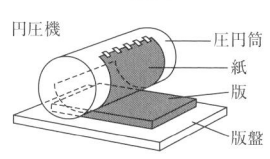

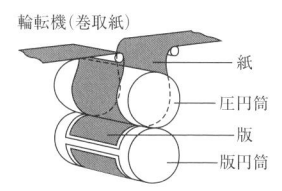

図29 印刷機械の3様式

印刷の3版式 印刷する版の状態から，
①凸版 印刷インキを版の凸部につけて印刷するもの．
②平版 印刷する部分は画像部，そうでない部分を非画像部といいますが，両者がほぼ同一平面上にあるもの(オフセット印刷がその代表)．
③凹版 印刷インキを版の凹部につけて印刷するもの(グラビア印刷がその代表)．
に分けられます．なお，その他に孔版方式のスクリーン印刷などがあります．

刷本 刷り上った印刷物で，製本される前のものを刷本といいます(刷紙〔すりがみ〕ともいう)．

4.9 製　本

製本は，印刷された刷本を折りたたみ，順にとじ合わせ，表紙を付けて本の形にまとめあげる，本づくりの最終工程です．

1) 1部抜きの点検

印刷会社から製本会社が受け取った刷本は，そのなかから1枚ずつ抜き取ってこれを折り，完全な1冊分にまとめます．これを1部抜きとよんでいます．1部抜きは出版社に届けられ，印刷や順序に誤りがないかどうか確認されます．

2) 本製本の工程

糸とじの本製本(7ページ参照)は，以下のような作業工程で製本します．

①突きそろえ：重ねた刷本を突きそろえ機にかけて，印刷の際に基準となった辺に正しくそろえます．

②裁ち割り：刷本を折る単位(通常16ページ)で断裁します．

③折：ページがつながるように折ります．折る単位が16ページの場合は3回折ります．折ったものが折丁です．

④見返し貼り：本の最初と最後の折丁ののどに見返しを貼り付けます．本扉，口絵などが本文と別紙のときは，最初の折丁と見返しの間にこれらも貼り込みます(別丁貼り込み)．

⑤丁合い：順序どおりに折丁をそろえ，1冊分にまとめます．丁合いに間違いがあると，乱丁・落丁・取り込みとなってしまいます．

⑥とじ：丁合いがすんだ1冊分の折丁を糸でとじま

乱丁・落丁・取り込み　乱丁とは1冊の本のなかで折丁の順序がくるうことです．また，落丁とは，1冊の本のなかである折丁が抜けることをいい，同じ折丁を複数取ってしまうことを取り込みといいます．乱丁・落丁を防ぐために，背にあたる部分に書名・番号(背丁〔せちょう〕)と●や■などの記号(背標〔せひょう〕)を印刷します．背標は折丁ごとにわずかにずれた位置にくるようにします．1冊分の折丁を並べた際に，順序が正しければ，背標が階段状に並び，乱丁・落丁・取り込みがあれば，その階段が乱れるのですぐにわかります．

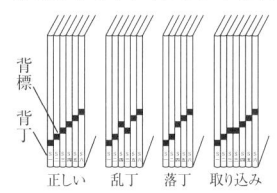

図30　乱丁・落丁・取り込み

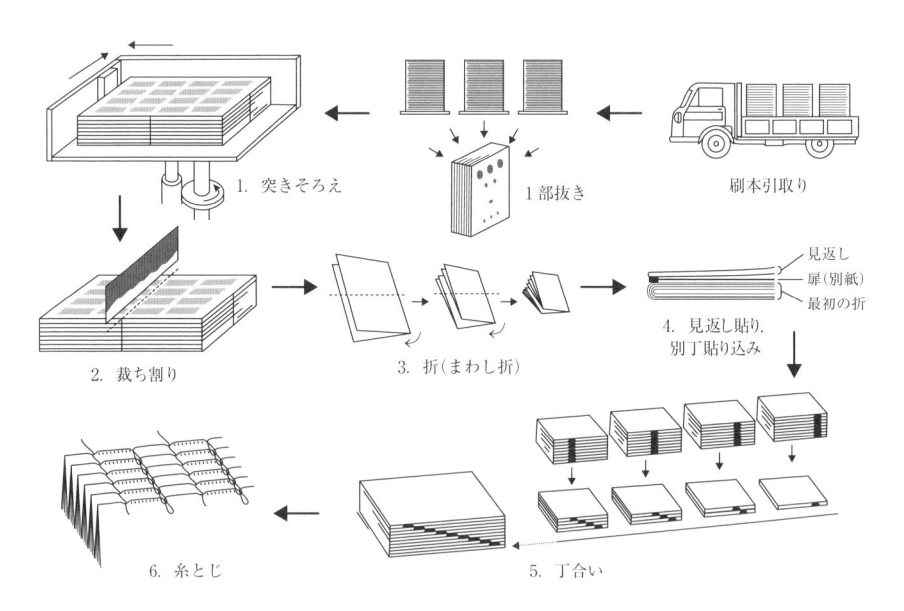

図31　本製本の工程　刷本引取りから糸とじまで

す．

　糸とじした後は，仕上げ締めまでの工程を，一連の機械を使用して作業を行います．本は各種の作業を行う機械を連結したライン上を，次々とコンベアで送られて製本作業が進み，完成した本に仕上げられます．

　⑦ならし：丁合いし，糸でとじた本の背は，折り目の部分に厚みが生じています．ほかの部分と厚さがそろうようにならします．

　⑧下固め：ならした後で，正確に断裁するために背の部分に接着剤をつけ，仮に固定させます．

　⑨化粧裁ち：本の背以外の3方を仕上がりの寸法になるように断裁します．

　⑩丸み出し：丸背(11ページ参照)の場合に，本の中身に丸みをつける作業です．

　⑪バッキング：バッキング機のローラーで本の背に圧力をかけて耳(12ページ参照)を出します．

　⑫背固め(背加工)：中身の背に接着剤をつけ，寒冷紗とよばれる布を貼り，さらに背貼り紙と花ぎれ(13ページ参照)を貼って，背を固定します．

　⑬表紙くるみ：別工程でつくられた表紙で背加工の終わった中身をくるむ作業です．本の耳と見返しに接着剤を塗り，表紙でくるみます．

　⑭仕上げ締め：表紙と中身が十分に結合するように，締め機で全体を締めます．

　⑮検品，カバーかけなど：点検・検査をしたうえで，売上げカード，読者カードなどを挿入し，カバーや帯をかけます．また，外函があるものは函に入れます．

3) 仮製本の工程

　仮製本の工程は，あじろとじ(7ページ参照)を例にとると，おおよそ次のようになります．

　①突きそろえ
　②裁ち割り
　③折：ここまでは本製本の工程と基本的に同じです

> ライン　複数の工程を1台の機械で行うこと，または単体の機械をコンベアで連結した一貫化したシステムをいい，製本ラインなどとよばれます．

が，あじろとじでは紙折の際に，折本の背の部分に切り込みを入れます．
　④見返し貼り：見返しをつける場合に行います．
　⑤丁合い
　⑥背固め：中身の背を接着剤で固めます．
　⑦表紙つけ：背固めした中身と表紙を貼り合わせます．
　⑧見返し糊入れ：くるみ口糊（見返しの小口だけに糊をつけて表紙に貼る様式）の場合に行われます．
　⑨仕上げ裁ち：中身を表紙ごと化粧裁ちします．
　⑩検品，カバーかけなど
　なお，雑誌などをオフセット輪転機（オフ輪）で印刷した場合は，折の工程までをオフ輪が同時に行います．

4) 納品

　こうしてできあがった本は，出版社または取次会社に納品されます．そして，取次会社から全国の書店に送られます．
　また，取次会社を通して国立国会図書館へ納本されます．

　企画から納品まで，本はこのような多くの段階をへてできあがり，読者に届きます．

オフセット輪転機　オフセット印刷のうち巻取紙（トイレットペーパーのようにリールに巻き取られている紙）に印刷する印刷機を，オフセット輪転機（略してオフ輪）とよんでいます．

納本　"文化財の蓄積およびその利用に資するため"，本の発行者はその出版物の発行日から30日以内に，最良版の完全なもの1部を国立国会図書館に納本または寄贈しなければならないと規定されています（国立国会図書館法）．その規定をうけて，各出版社は現在，新刊を発行するたびに，取次会社経由で2部の納本を行っています．

5 雑誌について

　出版物は，大きく書籍（book）と雑誌（magazine）に分類できます．また，内容は雑誌に似ていますが，定期的に刊行されるとは限らないムック（mook）とよばれる形態のものもあります．ここでは雑誌出版の特徴をいくつか説明します．

ムック　ムック（mook）は，magazine と book からの合成語です．

5.1　雑誌の特質——本との違い

1）定期刊行物であること

　雑誌は，週刊・隔週刊・月刊・季刊などの発行間隔で，定期的に刊行されます．雑誌創刊時には，読者対象，一定の編集方針を決め，毎号それに合った企画が立てられ，複数の執筆者が書いた原稿・記事・写真などから構成されます．

2）編集部の協同・分担作業で刊行

　書籍では，企画・編集と原稿編集，原稿指定，校正といったように分担する例もありますが，それぞれ分担した段階では基本的に1人で担当しています．これに対して雑誌では，通常雑誌ごとに複数のメンバーで構成された編集部で，協同で仕事を担当します．

　1人の編集長のもとで，複数の編集者がそれぞれ分担して誌面を受け持ち，企画をたて，取材や原稿を依頼し，原稿を整理し，…と業務を進めていきます．その際には，ライターやカメラマン，デザイナーなど複数の外部の専門家に仕事を依頼するケースもあります．

雑誌　"出版事典"（出版ニュース社）では，雑誌を"一定の編集方針のもとに種々の原稿を集め，ふつう週以上の間隔で定期的に刊行される，原則として仮綴じ冊子形態の出版物．定期性をもつ点でパンフレットや書籍と異なり，時事の報道を主とするよりもむしろ解説，評論，教養，娯楽を主とする点および製本体裁の点で新聞と異なる"と定義しています．

雑誌の発行間隔　雑誌を発行サイクル別にみてみると，月刊誌が圧倒的に多く刊行されています．"出版指標年報"によれば，2019年の総発行点数2734点の刊行形態別発行点数は，週刊82点，月刊1350点，月2回刊37点，隔月刊434点，季刊281点，その他550点となっています．月刊誌の多い理由としては，月1回という発行間隔が，読者の生活リズムとちょうどマッチするからだと考えられています．

3) 編集者は記者も兼ねる

書籍では，原稿は基本的には外部の専門家（著者）に執筆を依頼しますが，雑誌では，原稿を外部に依頼するだけでなく，編集部の内部で取材して執筆するケースが多数あります．そのため，雑誌の仕事では編集者に記事作成・原稿執筆の能力が求められます．

4) 厳密な進行管理がなされる

雑誌は，発売日に確実に書店やコンビニエンスストアに並ぶように，編集・製作，とくに印刷の進行が厳密に管理されています．

5) 形態が定まっている

書籍では，シリーズものを除き1点ごとに判型やページ数，定価が異なりますが，雑誌では大枠として体裁やページ数，定価が決められており，毎号決まった形態で発行されます．

6) 内容は多岐にわたる

雑誌は複数の記事を編集・配列して読者に提供するところに特徴があります．雑誌には，書籍にはない雑然とした要素，にぎやかさ，華やかさが誌面構成上で必要と考えられています．そのため，視覚的にも多くの工夫を凝らし，また記事ごとに変化をつけたレイアウトを行って，他誌との差別化を図っています．

7) 広告を掲載する

市販の雑誌は，一般に記事だけでなく広告も掲載します．表4など，広告に使うページを決め，スペースごとに値段を設定して広告を集めます．多くは広告代理店にその仕事を依頼しています．雑誌の収益は，販売部数・売上金額とともに，広告による収入が大きな割合を占めています．

雑誌のジャンル 日本雑誌協会の"マガジンデータ2017(2016年版)"では，雑誌の内容と読者層を勘案して，以下のように雑誌のジャンル分けを行っています．

① 男性用

総合(総合月刊誌，週刊誌，その他総合誌)，ライフデザイン(男性ヤング誌，男性ヤングアダルト誌，男性ミドルエイジ誌，男性シニア誌)，ビジネス(ビジネス・マネー誌)，情報(モノ・トレンド情報誌)，趣味専門(スポーツ誌，自動車・オートバイ誌)，コミック(少年向けコミック誌，男性向けコミック誌)．

② 女性用

総合(女性週刊誌)，ライフデザイン(女性ティーンズ誌，女性ヤング誌，女性ヤングアダルト誌，女性ミドルエイジ誌，女性シニア誌)，ライフカルチャー(マタニティ・育児誌，生活実用情報誌，ビューティ・コスメ誌，ナチュラルライフ誌)，情報(エリア情報誌，旅行・レジャー誌)，コミック(少女向けコミック誌，女性向けコミック誌)．

③ 男女とも

ライフデザイン(ファミリー・子育て誌，シニア誌)，情報(エリア情報誌，テレビ情報誌，食・グルメ情報誌，フリーマガジン)，趣味専門(旅行・レジャー誌，スポーツ誌，文芸・歴史誌，健康誌，エンターテインメント情報誌，ゲーム・アニメ情報誌，建築・住宅誌，業界・技術専門誌，その他趣味・専門誌，時刻表，ムック)，子供誌(子供誌)．

5.2 雑誌の構成要素

雑誌にとっては，全体の記事をどのように配列するかが重要な意味をもっています．編集長は，その号のメイン企画をどれにするか，巻頭記事はなにか，どのようなキャッチフレーズをつけるかなどの指示を行い，全体を統括していきます．

雑誌を構成する要素には，以下のようなものがあります．

- 特集記事
- 連載記事（長期・短期）
- 解説記事や論文，ルポルタージュ
- インタビュー，人物紹介
- 対談
- 座談会
- 実用記事，情報記事
- エッセイ，コラム
- 小説
- 書評や紹介記事
- マンガ
- グラビアページ
- その他

それぞれのテーマについて，どのような切り口をとるかでその雑誌の特徴が生まれます．テーマやスケジュール，執筆者の状況を考慮し，企画・編集していきます．

> **グラビアページ** グラビアともいい，写真を主としたページのことです．写真を見せることを主とするページは，グラビア印刷で印刷することが多いので，そうよばれます．中とじの週刊誌では，巻頭と巻末に置かれます．

6 読者の手に届くまで

6.1 出版界の概況

1) 出版社

日本の出版業の特質は，中小企業ないし零細企業の集まりである，といわれています．

現在の日本の出版社の総数は，"出版指標年報"（全国出版協会，出版科学研究所）によれば，3238社（2021年3月現在）になります．この中には，専業出版社のほか，新聞社・放送局・印刷所・団体なども含まれています．このうち，年間100点以上の新刊書籍を発行している出版社は133社で，51点以上を発行している出版社は292社（9.0%）となっています．

出版社は，よく1人もしくは小人数でも容易にできる事業であるといわれますが，出版社を規模別にみると，社員50人以下という出版社が73.4%と圧倒的に多く，不明のもの（従業員10人以下と推定される）を含めると全出版社数の85.3%にもなります．51-200人の従業員をもつ出版社は全体の8.8%，201人をこえる従業員をもつ出版社はわずかに3.8%にすぎません．

また，出版社の所在地が東京に集中していることも，日本の出版文化の特色です．出版社の所在地を地域的にみると，その76.6%（2593社）が東京にあり，ついで大阪の129社，京都の111社，神奈川の78社となっています（2018年3月現在）．

出版社数 日本の出版社の総数は，約4000社と長年いわれてきましたが，1997年の4612社をピークに減少をつづけ，2008年に4000社を割りこみ，現在に至っています．

2) 書籍と雑誌の出版点数

2021年の1年間に新たに出版された書籍（新刊書）

は6万9052点です．平均で1日189点の新刊書が発行されているわけです．

雑誌は，2021年では661社から2536点発行されています．

6.2 出版物の販売経路（流通ルート）

書籍や雑誌の多くは書店（小売書店）で販売されています．読者が本を購入するのは，多くが書店からです．しかし，出版社から読者にわたる販売経路には，書店以外にも幾つかのルートがあります．

1) 取次会社

出版物の流通ルートに大きくかかわっているのは取次会社です．取次会社は，出版社と書店との間に立って，出版社からの配本，書店からの返品などの業務を行います．

一般に，取次会社が出版社から本を仕入れる値段（卸正味_{おろししょうみ}）は，定価の69-74%くらいになります．また，取次会社の販売手数料はおよそ8%，書店の販売手数料は約18-23%になります．

2) 取次・書店ルート

取次・書店ルートは，出版物の流通ルートのなかで最も販売量が多く，書籍では全体の販売量の70%，週刊誌では40%，月刊誌では80%という割合を占めています．

3) CVSルート

コンビニエンスストア（CVS）本部から業務を委嘱された業者へ，出版社が直接に，あるいは取次会社から間接的に雑誌・文庫・新書などを卸し，CVSで販売するルートです．雑誌は，このルートで購入する読者が多くなっています．

取次会社 出版社と全国の書店との間に立って，出版物の配本，発送および集金を引きうける業者です．取次店または単に取次ともいいます．そのほとんどが東京に集まり，株式会社トーハン・日本出版販売株式会社（日販〔にっぱん〕）の2社が大きなシェアを占めています．

卸正味・販売手数料 例えば定価1000円の本が1冊売れると，出版社は700円，取次会社は80円，書店は220円の収入になります．

書店数 全国の書店数は1万2343店（2021年3月現在，書店マスタ管理センター調べ）です．毎年減少がつづいています．

4) 生協ルート

消費生活協同組合（生協，CO-OP）を通じて販売するルートです．とくに大学生協は学術書や専門書の販売ルートとして重要視されています．生活クラブ生協などの生協組合員による"共同購入"も注目されるルートです．

5) 直接販売ルート（直販ルート）

出版社から直接あるいは代理店を通じて，読者や学校・官庁に販売するルートです．ワークブックなどの学習参考書あるいは幼稚園雑誌，学年別雑誌の一部などが代表的なものです．

流通ルートにはこのほかに，新聞ルート，鉄道弘済会ルート，即売会ルート，教科書販売ルート，割賦（月販）ルートがあります．

6.3　出版物の販売システム

出版物の販売システムとしては，出版社が新刊書を出版したときに，取次会社をとおして小売書店に販売を委託する"委託制度"（新刊委託）と，小売書店からの注文（読者からの注文，書店の見込み注文など）によって出版社から送品する"注文制度"が，現在の主要な形です．なお，特殊な形態として常備寄託があります．

"委託制度"は，小売書店に本を一定期間預けて（委託して）販売してもらい，売れ残ったものは返品が可能な制度です．市販出版物（新刊）の大半がこの形態をとります．委託期間は，出荷してから，小売書店と取次会社との間では3カ月半，取次会社と出版社との間では6カ月です．その期間内ならいつでも返品が可能です．なお，雑誌の委託期間は，小売書店と取次会社の間では月刊誌が2カ月，週刊誌が45日，取次会社と

注文制度　"委託制度"では期限内であれば返品ができますが，"注文制度"では原則として返品はできません．

常備寄託　出版社と小売書店の契約にもとづく基本部数（同一書名のものを1冊ないし2冊）を常時店頭に陳列し，売れた分は注文扱いによって補充することを条件にした販売方法です．

出版社の間では月刊誌が 3 カ月，週刊誌が 2 カ月です．

6.4　再販制（再販売価格維持制度）

　出版業界では，出版社と取次会社，取次会社と小売書店の間でそれぞれ"再販契約"（再販売価格維持契約）を締結し，この契約にもとづいて出版物の定価販売を行っています．一般的な商品では，メーカーが小売店に販売価格を指示することは，小売店の事業活動を不当に拘束するとして，"私的独占の禁止及び公正取引の確保に関する法律"（独占禁止法，独禁法）で禁止されています．しかし，"著作物"は，独禁法の適用除外が認められているのです．

　この再販制とそれに伴う定価販売は，委託制度とともに出版界の取引の 2 つの大きな特徴といえます．

　しかし，再販制度は固定的なものでなく，弾力的に運用されるもので，①再販商品にするか否かは出版社の自由意思であり（部分再販），②再販商品として出版したものでも，一定の時間をへたものは"非再販商品"に変更する（時限再販）ことも可能です．また，再販商品とするものは"定価"の文字を出版物に表示することが条件になっています．

6.5　ISBN と日本図書コード

　本のカバーや外函には，2 段のバーコードと，ISBN から始まるアルファベットと数字の組合せによる略号が印刷されています．

　この略号は"日本図書コード"といい，ISBN（International Standard Book Number，国際標準図書番号）と，業界独自の本の分類コード，それに価格を示す記号の 3 つで構成されています（図 32）．

　2 段のバーコードは書籍 JAN コードといい，上段が ISBN，下段が分類コードと価格です．

再販売価格維持制度　メーカーが再販売価格（卸店が小売店に販売する価格，小売店が消費者に販売する価格）を拘束することは独占禁止法で禁止されています．しかし，書籍や雑誌，新聞などの著作物は，この条項の適用除外となっています．

ISBN　書籍を特定するためにつけられる世界共通の 13 桁の番号です．日本（国番号 4）で発行された書籍は，978-4- までは同一で，その後に 2 桁から 7 桁までの出版者記号，出版者記号と合わせて 8 桁となる 1 桁から 6 桁までの書名記号，チェック数字がハイフンで区切られて並びます．出版者記号は日本図書コード管理センターが登録申請や管理を行っている，出版者ごとに定まった固有番号です．書名記号は各出版社がそれぞれ一定の方針にもとづき独自につけています．なお，2006 年 12 月までは先頭の"978"がない 10 桁の番号でした．

```
ISBN(国際標準図書番号)    分類コード   価格コード
ISBN978-4-88888-385-6  C2000  ¥500E
接頭数字 - 国記号 - 出版者記号 - 書名記号 - チェック数字
```

図32　日本図書コードの例

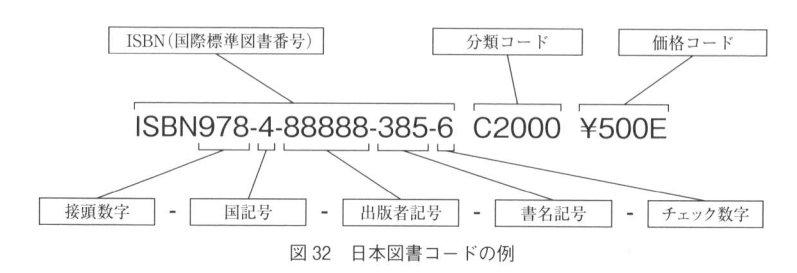

このような日本図書コードの表示は，コンピュータによる出版流通の合理化を第1の目的としており，ISBNを奥付に印刷し書誌情報を整えることとあわせて，出版界の約束事になっています．なお，売上カード(スリップ)にも，この書籍JANコードを印刷することが一般的になっています．

雑誌(逐次刊行物)の国際登録としてはISSN(国際標準逐次刊行物番号)があります．このISSNは学術専門誌を中心に，国立国会図書館がその管理と割り当てを行っています．また，これとは別に，雑誌には業界内の合理化を目的に独自の"雑誌コード"があり，裏表紙(表4)に雑誌の固有誌名をあらわす5桁の数字と月号(月日号)を表示しています("共通雑誌コード"としてJANバーコードでも表示しています)．

9784888883856

1922000005009

図33　書籍JANコードの例

逐次刊行物　同一タイトルで定期的に刊行される出版物のことを，逐次刊行物といいます．雑誌のほか，新聞，紀要，年報などが含まれます．

付　和装本

　和装本は，日本で古くから行われている特殊な製本様式です．この様式は，元来，中国から伝えられたものです．したがって，各部分の名称も洋装本とはやや異なっています．

1　和装本の種類

1) 種類

　和装本の代表的な製本形態は袋とじです．袋とじとは，1枚の紙を文字の書かれたほうを外側にして折って，これを幾枚も重ね，紙の両端のほうでとじたものです．その1枚1枚が袋の形になることから，こうよばれます．

　和装本にはまた，袋とじとは逆に文字が書かれたほうを内側にして折って，折り目の外側を糊で相接合して，それに表紙をつけた粘葉装や，糊のかわりに糸でとじた大和とじなどもあります．

　その他，歴史的には，長い紙をジグザグに折り，前後に表紙をつけた折本形式のものや，長い紙を巻き上げた巻物(巻子本)形式のものもつくられていました．現在でもお経などでは折本形式のものもあります．

2) とじ方

　袋とじの和装本のとじ方としてはいろいろな方法がありますが，四つ目とじが一般的です．このほかに四つ目やまととじ，やまととじ，康熙とじ(高貴とじ)，亀甲とじ，麻の葉とじ，蝴蝶綴り，唐本仕立てなどといったとじ方もあります．

和装本は片面印刷　従来の和装本は，一般に木版印刷です．木版印刷では，裏面からこすって印刷するので，両面印刷が困難であり，片面印刷が普通です．

和装本の大きさ　和紙を用いる和装本には以下のような大きさがあります(中野三敏著 "書誌学談義 江戸の板本" 岩波書店による)．
　大本〔おおほん〕(美濃本)
　　約19 cm×約27 cm など
　半紙本〔はんしぼん〕
　　約17 cm×約24 cm
　中本〔ちゅうぼん〕
　　約13 cm×約19 cm
　小本〔こほん〕
　　約12 cm×約17 cm
　豆本〔まめほん〕
　　小本より小型の本の総称
このほか，形の名称に，縦長本，横本，枡型本などがあります．

図34 袋とじ　小口に折り目がきて袋状になったもの

図35 粘葉装　冊子の一種で，中国ではこれを蝴蝶装ともいう

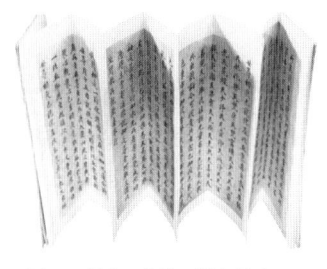

図36 折本　仏教の経本類はこの形式である

図37 巻物(巻子本)　奈良朝のころに中国から伝わった

2　和装本の各部分の名称

1）表紙

　本の中身を包んだものであることは洋装本と同じですが，裱紙または褾紙とも書きます(中国では表紙を皮子(ひし)といっています)．前の表紙を前表紙といい，後ろの表紙を後(うしろ)表紙といいます．また，表紙の色合いによって，黄表紙・紺表紙・青表紙・黒表紙・丹緑(たんろく)表紙などの名称があります．

2）外題(げだい)

　表紙の左上もしくは中央の位置に書名をしるしたものを外題といい，また表題ともいいます．表紙に直接書かずに別の小紙片に書いて貼りつけたものが多いのですが，これを貼り外題といい，正しくは題簽(だいせん)といいます．また，印刷をせずに直接手で書いた外題を，と

くに書き題簽とよびます．絵入狂言本・浄瑠璃本・赤本・黒本などのように，文字だけでなく絵を入れたものを絵外題といいます．題簽のほかに，さらに内容や目録または絵図などをしるした外題を添えたものを，添え外題または副外題・副題簽とよんでいます．

3) 角切れ

とじ目の上下両端に布や紙などをあてて，かどのいたものを防ぐ場合があります．これを中国では包角といい，日本では角切れとよんでいます．これらは洋装本にない独特の名称です．

4) 小口

本の紙の切口をいいます．上のほうを上小口，下のほうを下小口といいます．また右方(背)の切口(背書)をも小口といい，背の反対側にあたるところを小口という洋装本とは全く逆となります．和装本では袋とじが多く，したがって，紙の化粧裁ちは，上と下および背のほうを裁つのが普通だからです．下小口に書名・巻数または著者名をしるしたものを小口書きとよんでいます．

5) 背

書物のとじまたは貼りつけた側を背といいます．また書背・背書ともいいます．

6) 見返し

和装本にあっては，表表紙の裏側をよび，書名・著者名・発行者名・発行年などはここにしるされます．そのために，ここを裏表(標)題ともよんでいます．この見返しに絵を印刷したものを，絵見返しまたは見返し絵とよびます．

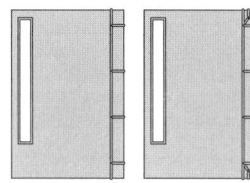

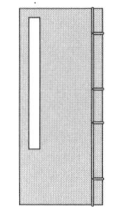

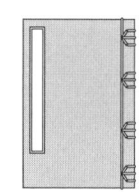

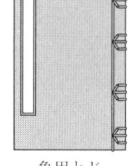

四つ目とじ　　康熙とじ

唐本仕立て　　亀甲とじ

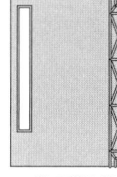

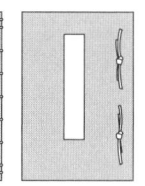

麻の葉とじ　　やまととじ

図38　和装本のとじ方

7) 扉

本文の前に書名その他をしるした紙葉を，扉または大扉・書扉・扉紙といいます．扉には絵の入っているものもあり，これを絵扉または扉絵とよびます．

8) 副紙

表紙と扉との間に挟まれた白紙その他のそえ紙を，副紙または添え紙といいます．また洋装本と同じように，遊びまたは遊び紙ともよびます．

9) 巻頭

本文の第1枚目（第1ページ）を巻頭とよび，また巻首ともいいます．巻頭にある書名を首題または巻頭書名といっています．また，扉または本文のはじめなどにしるされた書名を，外題に対して内題とよんでいます．

10) 大題と小題

書名と編名がある場合，前者をとくに大題といい，後者を小題ということがあります．

11) 冠称・角書

書名の上に添え書程度の説明的な表題を加えることがあります．これを冠称といいます．普通には文字を小さく2行に割書きすることが多く（3行の場合もあります），これを角書ともよんでいます．

12) のどと耳

とじに近い部分を"のど"ということは，洋装本と同じですが，"耳"は各丁の左右欄外（袋のほう）の上端部をいいます．

13) 柱

和装本では折り目にあたるところに，書名や巻数・

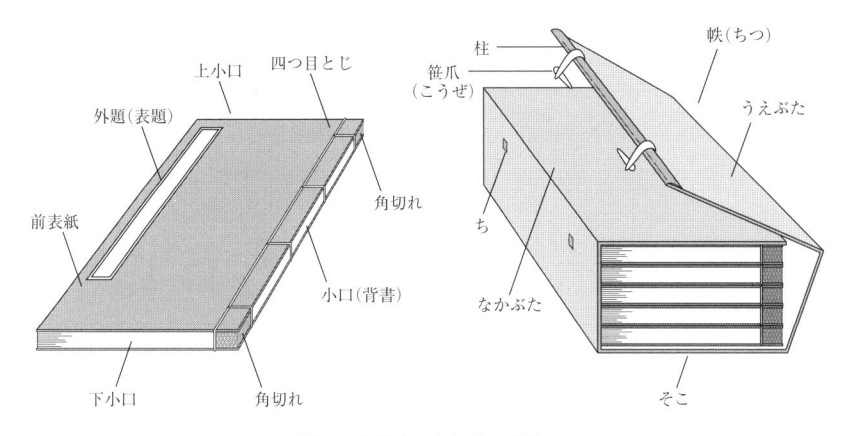

図39　和装本の各部分の名称

丁数などが示されています．これを柱といいます．また版心・目ともいいます．なお，版心にある━を魚尾といい，また▱を白魚尾とよんでいます．

14) 丁

和装本では，ページとはいわないで，表裏2ページを1丁と数えます．

15) 奥書

本の終わりに，その著作その他のことをしるしたものを奥書(おくがきともいう)といいます．版本(木版本)の場合には，出版した年月日(刊年という)，発行所(版元という)の住所および名前などをしるします．これを刊記といいます．刊記は巻末にある場合が多く，その場合はこれをとくに奥付といいます．

16) 識語と校語

写本などで，本文の前または奥書に，本の来歴や写した年月などを書き加えたものを識語といい，本文の校正についてしるしたものを校語といいます．

丁　洋装本のようにページ単位で番号をつけないので，引用などで和装本の特定のページを指示する場合は，何ページというかわりに，何丁の表(略して何丁のオ)，何丁の裏(何丁のウ)というふうに表記します．

索　引

数字・欧字

1部抜き　45
CTP　43
CTS　34, 36
CVSルート　53
DDCP　44
DTP　33, 36, 37
　——ソフト　37
ISBN　25, 55, 56
OCR　36, 39
PDF　42
PP貼り　26

ア

アート紙　19
愛読者カード　27
青焼き校正　43
赤字引合せ　38-40
あじろとじ　7, 47
遊び　13
遊び紙　13
あたま　12
あとがき　25
後付　18, 24
網点　23
委託制度　54
糸とじ　7, 46
色校正　44
印刷　34, 42, 44
　——の3版式　44-45
　——版の作製　42
　——前工程　42
印刷会社　34
　——の選定　34
印刷機　43, 44
印刷校正記号　→校正記号
印刷文字　33→文字
印税　29
引用文　22
裏白　19, 21
裏抜け　41
裏表紙　10
裏見返し　13
売上カード　27, 56
円圧機　44
追いページ　15
奥書　61
凹版印刷　45
大扉　19
大貼り　43
大見出し　21

カ

奥付　25
　——裏広告　25
帯(帯紙)　26
オフセット印刷　34, 36, 45
オフセット輪転機(オフ輪)　48
表表紙　10
表見返し　13
表面(紙葉の)　14
折　46
折丁　7, 42
折本　3, 7, 57
卸正味　53
オンデマンド印刷　44

カ

改丁　14, 33
階調　23
改ページ　14, 33
書き下ろし原稿　30
かくしノンブル　15
角背　11
数物製本　6
画像データ　36
画像の抜け　42
型抜き函　26
片柱　16
カット無線　7
かど　12
角切れ　59
カバー　26, 55
紙加工仕上寸法　8
紙の原紙寸法　9
紙の取り方　9
紙の目　41
カラー印刷　44
仮製本　6, 7, 47
　——の工程　47
刊記　61
冠称　60
巻子本　3, 57
巻頭　60
寒冷紗　47
機械函　26
企画　28
　——会議　28
　——書　28
　——の立案　28
規格外の大きさ　9
規格判　8
きき紙　13
菊判　9
基本版面　33

疑問　40
脚注　22
逆バッケ　11
キャプション　24
級　33, 35
行　16
行間　16
　——注　22
行頭見出し　21
行ドリ　33, 34
魚尾　61
口絵　19
組方指定書　34, 37
組方の基本形　33, 38
組方方針の指示　34
組方要項　34
組立函　26
組体裁　33, 38
　——の確認　39
組版　34, 37
　——情報　37
　——処理　37
　——での修正作業　40
　——の工程　37
組版データ　42
グラビア　51
　——印刷　45
グラフィックソフト　36
くるみ口糊　48
クロス　10
形式的整理　32
罫下　12
化粧裁ち　47
外題　58
検印　25
原稿　29
　——(印刷物の)　36
　——ができるまで　29
　——整理　→原稿編集
　——の吟味　29, 30
　——のデータ　38
　——の電子データ化　36
　——引合せ　38-40
　——料　29
　——を整える　32
原稿指定　33, 37
　——票　34
原稿編集　30
　——での赤字　32
献辞　19
原紙　9
圏点　17

索引

校語　61
広告の掲載　50
校正　38
　──記号　32, 34, 38
　──作業の流れ　39
　──の作業方法　38
校正刷　37-40
　──の点検　38
後注　22
校了　40
コート紙　19
小口　12, 59
　──書き　59
　──装飾　12
国立国会図書館　48, 56
腰帯　→帯
ゴシック体　34
誤植　38
小扉　19
小見出し　21
コンピュータ組版　34, 36, 37

サ

再校　40
再販契約　55
再販制（再販売価格維持制度）
　　55
索引　24
　──とあとがきの順　18
雑誌　10, 16, 49-51
　──コード　56
　──の構成　51
　──のジャンル　50
　──の定義　49
　──の特質　49
　──の発行間隔　49
　──の発行点数　53
刷版　42-43
　──の作製　42
サブタイトル　22
三校　40
参考文献　22
仕上げ締め　47
しおり　13
識語　61
時限再販　55
下固め　47
執筆依頼　29
執筆要項　29
字詰　16
ジャケット　26
写真　23
修正（組版での）　40
出校　37
出版界の概況　52
出版企画書　→企画書
出版業の特質　52

出版契約書　29
出版社　28, 30, 52
　──の規模　52
出力見本　32
上製（本）　6
小題　60
常備寄託　54
初校　38, 39
書式情報　37
書写材（紙以外の）　3
書籍JANコード　55
書籍用紙　41
書体　33, 34
書背　59
序文（序）　20
四六判　9
白ページ　14
白焼き校正　43, 44
新刊委託　54
新刊書籍点数　52
進行管理　50
新書判　9
推薦のことば　20
スキャナ　36
図版　23
　──目次　20
スピン　13
素読み　38-40
刷紙　45
スリップ　→売上カード
刷本　45
背　6, 10, 59
　──固め（加工）　47
　──の仕立て方　11
　──表紙　10
　──文字　11
生協ルート　54
正誤表　27
製版校正　44
製本　45-48
　──の工程　46
　──の種類　6
責任校了（責了）　40
背丁・背標　46
線画　23
宣伝　41
全判（全紙）　9
装幀　41
挿入注　22
造本設計　33
副紙　60
そで　26
外函　26, 55
ソフトカバー　7

タ

台　25

　──割　25
対向　14
題簽　58
大題　60
タイトルバック　11
題扉　19
裁ち割り　46
縦組　14
縦目　41
段　17
　──間　17
　──組　17
罫（ケイ）　17
地　12
逐次刊行物　56
注　22
注文制度　54
注文短冊　27
丁　14, 61
　──付け　15
丁合い　46
直販ルート　54
著作権　32
　──使用料　29
　──表示　19
著者校正　40
チリ　7, 12
束見本　4
突きそろえ　46
付き物　25
角書　60
定価　26, 55
　──の決定　41
　──販売　55
定期刊行物　49
データ原稿　29, 36
手書き原稿　36
デジタル印刷　44
デジタル原稿　29
粘葉装　57
天　12
　──金　12
電子原稿　→データ原稿
同音異義語・同訓異字語　39
同行見出し　21
頭注　22
通しノンブル　15
読者カード　27
独占禁止法　55
とじ　46
図書　3
　──設計家　42
図書館製本　6
凸版印刷　45
扉　19, 60
共紙　19
取り込み　46

取次会社　41, 53
取次・書店ルート　53

ナ

内容構成　33, 34
内容順序　17
内容的整理　32
内容目次　20
中とじ　8, 51
中扉　21
中見出し　21
並製(本)　6
ならし　47
日本図書コード　26, 55
ネーム　24
納本　48
のど　12, 60
ノンブル　15

ハ

ハードカバー　7
ハードコピー　32, 38
背書　59
函　→外函
はしがき　20
柱　16, 60
バッキング　47
花ぎれ(花布)　13
針金とじ　7, 8
貼り函　26
判型　8, 33
版心　61
半扉　21
販売　41
　――経路　53
　――システム　54
　――手数料　53
パンフレット　5
版面　16
版元　61
凡例　20
左開き　14
左とじ　14
表　24
　――目次　21
表1(表紙の1)　10
表3(表紙の3)　10
表紙　7, 10, 58
　――くるみ　47
　――の文字　11
標題　21
　――紙　19
表2(表紙の2)　10
表面加工　26
表4(表紙の4)　10
ひら　11
　――の文字　11

平とじ　8
ファンシーペーパー　10
フィルム原版　43
フォーマット　16
袋とじ　57, 59
部数の決定　41
ブックジャケット　26
部分再販　55
フライトチェック　42
プリフライト　42
プリプレス　42
プリントアウト　32
フレキシブルバック　11
付録　24
平圧機　44
平版印刷　45
ページ　14
　――数　15
　――を構成する各部の名称　15
ペーパーバック　7
ベタ組　16
別刷　19
別丁　19
　――貼り込み　46
別ノンブル　15
ヘドバン　13
変換ミス　38
変型判　9
編纂書　20
編集会議　28
編集企画　30
編集長　49, 51
編集部　49
編集プロダクション　30
ポイント　33, 35
傍注　22
傍点　17
ポストプレス　42
補注　22
ホローバック　11
本　3
　――づくりの作業工程　31
　――の大きさ　8
　――の各部分の名称　10
　――の種類　6
　――の定義　3, 5
　――のできるまで　28
　――のとじ方　7
　――の内容順序　17
　――の流通ルート　53
本製本　6, 7, 46
　――の工程　46
本体価格　55
本扉　19
本文　17, 21
　――用紙に使用する紙　41

　――用紙の準備　41

マ

マーブル　12
枚葉紙　9
まえがき　20
前小口　12
前付　18
前扉　19
巻取紙　48
窓見出し　22
丸背　11
丸み出し　47
見返し　13, 48, 59
　――貼り　46
右開き　14
右とじ　14
みぞ　12
見出し　21
見開き　14
見本組　34
耳　12, 47, 60
明朝体　34
無線とじ　7
ムック　49
目(紙の)　41
面付け　42
　――データ　43
目次　20
文字　33
　――データ　36
　――の大きさ　33, 35
　――化け　42
　――列　16
持込み原稿　30
諸製本　6

ヤ・ラ・ワ

約物　17
大和とじ　57
要再校　40
洋装本　6
横組　14
横目　41
ライン(製本ライン)　47
乱丁・落丁　46
流通ルート　53
両柱　16
輪転機　44
ルビ　17
レイアウト　34, 50
和装本　6, 57
　――の大きさ　57
　――の種類　57
　――のとじ方　57
割注　22
割付　34

主な印刷校正記号
(JIS Z 8208 による)

* "JIS Z 8208：2007（印刷校正記号）"にある主な印刷校正記号を例示する．
* 下側または右側に修正結果を示す．また，点線より下に示した記号は，許容できる指示方法である．

この校正記号表は情報量が非常に多く、表構造も複雑なため、主要な項目を整理して記載します。

指示内容	記号
文字・記号の修正	
1字の修正	原稿を点検を → 原稿の点検を
2字以上の修正	は校正刷は原稿を作 → は校正刷原稿 ※入ル
小書きの仮名に直す	インタビュー → インタビュー
直音を示す仮名に直す	かつてないこと → かつてないこと
削除し，詰める	校正刷は，ゲラ／校正刷は，ゲラトル／記号の指示を書／bold／トルツメ／トルツメ／削除後を空けておく場合は "トルアキ" "トルママ" とする
文字・記号を挿入する	訂正のを記入赤字／□□□※入ル／訂正の赤字を
文字・記号の入れ替え	文学の論評をする／文学の評論をする／左で車は右側を通／右で車は左側を通／文学の論評をする
修正の取りやめ	日本語組版／イキ／日本語組版
ルビ・圏点等の指定	
ルビ（モノルビ）を付ける	漢字の訓を調べる（くん）／漢字の訓を調べる
ルビ（グループルビ）を付ける	画像の調子を（トーン）／画像の調子を
ルビ（熟語ルビ）を付ける	社会の縮図を（しゅくず）／社会の縮図を
ルビの修正	背丁と背標を／背丁と背標を

指示内容	記号
圏点（傍点）を付ける	本ののどと小口を／本ののどと小口を
文字書式の変更	
文字サイズを指示する	6ポ／である（次頁参照）／である（次頁参照）／※級の場合は，"Q" を単位として用いる．
書体を指示する	明／ゴチ／明朝体とゴシック体／明朝体とゴシック体／※明朝体は，"ミン" でもよい．ゴシック体は，"ゴ" や "ゴチ" でもよい．正確なフォント名で指定する方法もある．
イタリックに直す	italic と roman／italic と roman／※範囲を示し "イタ" か "ital" でもよい．
立体に直す	italic と roman／italic と roman／※範囲を示し "ロ" "ローマン" か "rom" でもよい．
ボールドに直す	太字は bold の／太字は bold の／※範囲を示し，"ボールド" か "bold" でもよい．
ボールドイタリックに直す	斜体の bold は／斜体の bold は／※範囲を示し，"イタボールド" でもよい．
大文字に直す	Yamada tarou → YAMADA Tarou／※範囲を示し "大" でもよい． "cap" でもよい．
小文字に直す	YAMADA Tarou → Yamada Tarou／※範囲を示し "l.c." でもよい．
スモールキャピタルに直す	Yamada Tarou → YAMADA Tarou／※範囲を示し，"S.C." か "小キャップ" でもよい．
下付きに直す，その逆	$a_1x + b_1y + c_1z = 0$／$a_2x + b_2y + c_2z = 0$／N_2SO_4／Na_2SO_4
上付きに直す，その逆	$xy + x^2 + x = 0$／$x^3 + x^2 + x = 0$／$a^2b^2 + x = 0$／$ax^2 + bx^2 + cx = 0$／$a^4 + b^2 + c^4 = 0$

指示内容	記号
上付きを下付きに直す	Na_2SO_4／Na_2SO_4／Na^2SO
	$x^2 + x^2 + x = d$／$x^2y + x^2 + x = d$／$x_1y_1 + x_2 + x = d$
下付きを上付きに直す	$x_2y + x_2 + x = d$／$x_1y_1 + x_2 + x = d$／$x^2y + x^2 + x = d$
縦中横に直す	12月13日／※結果を示してもよい．
合字に変更する	justification／justification
字間の調整	
ベタにする	ベタ／原稿編集／原稿編集／ベタ／原稿編集／※詰め組をベタ組にする際は，"ベタニモドス" と指示する．
四分アキ	四分／編集と校正／四分アキ／編集と校正／編集と校正
字間を調整する	※現在のアキを修正する場合，"○アキニ" と結果を指示するか，"アト○ツメ（アケ）" と修正量を指示する．※アキ量の指示例 四分 三分 二分 □ 又は 全角 2倍 3倍 4倍 均等／※アキ量を "ポ" か "級" で指定する方法もある．
改行・改ページなどの指示	
改行にする	責了となる．書籍では，一般に三校／責了となる．書籍では，一般／※改行行頭を下げない場合，"下ゲズ" 又は "天ツキ" と指示する．
改行を追込みに直す	責了となる．書籍では，一般／責了となる．書籍では，一般に三校
指定位置まで文字・行を移動する	├─原稿／原稿には文字原稿だけでなく，図／原稿／原稿には文字原稿だけでなく，図／※必要なら位置や移動量を指示する．

指示内容	記号
改丁・改ページ・改段の指示	改丁／改ページ／改段
文字・行の送りの指示	□□アキ／□□アキ／□□アキ／※字・行の送りは自動的に処理されるので指示を省略してよい．
ケイの指示	
ケイの指示	ウラ／9ポ 6倍／※表ケイは "オモテ"／裏ケイは "ウラ"／中細ケイは "中細"／と指示する．
校正作業の進行の指示	
校正作業の進行の指示	要再校／要三校／要念校／校了／責了／責任校了
文字・記号の種類等を示す指示	
欧文のプロポーショナルの文字にする	欧文／又は／オウブン
文字幅の指示	全角／半角又は二分／四分
句読点を示す	、／。／，
中点類を示す	・／：／；
リーダーを示す	‥／…／又は／□□□／□□□／2点リーダー／2点
ダッシュ（ダーシ）を示す	縦組 │／横組 ─／又は／二分
ハイフンと斜線を示す	ハイフン ‐／／／／
引用符などを示す	" "／' '／" "／' '
紛らわしい文字を示す	マイナス／カンジ／ゼロ／大オー／1／オンビキ／カタカナ／ヒラガナ
複数箇所を同一文字に直す	△＝■／△＝○ などでもよい
行ドリとそろえの指示	
行取りの指示	2行ドリ中央／2Lドリ中央／2行ドリ／2Lドリ／1行アキ／1Lアキ
そろえの指示	上ソロエ／左ソロエ／下ソロエ／右ソロエ／センター